本書係「敦煌文獻系統性保護整理出版工程」項目成果

二〇二一—二〇三五年國家古籍工作規劃重點出版項目

「十四五」國家重點出版物出版規劃項目

國家古籍整理出版專項經費資助項目

中國國家圖書館藏敦煌文獻

中國國家圖書館 編

第七二册

BD01063～BD01076

國家圖書館出版社

DUNHUANG MANUSCRIPTS IN THE NATIONAL LIBRARY OF CHINA

072

BD01063 ~ BD01076

compiled by the

National Library of China

National Library of China Publishing House

凡例

一　本書刊布中國國家圖書館藏敦煌文獻，以館藏編號爲序編排。

二　館藏編號采用「BD+流水號」格式，如BD00001, BD16579等。背面在編號後加v表示。一個編號包含多件文獻者，編號後分別綴以字母A, B, C等。一件文獻含有多個内容者，以數字-1, -2, -3等標明順序。

三　圖版有縮印或放大處另加説明，尺寸超出本書幅面的以摺葉形式呈現。

四　卷軸裝、梵夾裝、經摺裝等裝幀形制的敦煌文獻，各附外觀圖像。

五　每件文獻依次呈現外觀、正面、背面等。背面僅刊布有文字、圖像或其他要素的圖版，而略去素紙部分，背面圖版同樣以從右到左順序編排。凡有外題者，遵從以上原則。

六　除個別特殊情况外，爲保證閲讀連貫、流暢，圖版儘量通欄呈現。

七　各葉上方附該件文獻全圖，以高亮形式顯示本葉大圖在全卷中的位置。部分長卷文獻全圖衹能分多段呈現時，在上段末以‹符標示下段接續。卷尾内容不足一葉時，文獻全圖使用該圖卷尾部分，亦以‹符標示。背面圖版文字與正面文字方向相反時，文獻全圖按原貌顯示，正文翻轉呈現，以便閲讀研究，用↻符標示。

八　文獻題名大體沿用中國國家圖書館此前所編多部敦煌文獻目録的考證，部分吸收學界最新研究成果略作調整和完善。文獻題名綜合參考原卷首題、尾題、外題確定，如原卷題名與該文獻正式名稱不同，則采用正式名稱；無題名者，或比定題名，或擬定新名。非漢文文獻在題名前標注語種。有分卷不同等其他情况者，括注於文獻名稱後。

九　本書著録使用通行繁體字，涉及原文中的人名、地名等，必要時保留原字形。

About this publication

1. The documents are presented in shelfmark order.
2. The shelfmarks are in the form BD plus a running number, eg. BD00001, BD16579, &c. If a given shelfmark contains multiple documents, these are distinguished by the letters A, B, C, &c. If a document has multiple contents, they are distinguished by the numbering 1, 2, 3, &c. The verso side of an item is indicated by the letter v.
3. If it has been necessary to reduce or enlarge the size of an illustration, the dimensions are indicated. If the size of an illustration exceeds the size of the book, a folding sheet is used.
4. If the document is a scroll, a folded sutra, or has a stitched binding, a picture of the whole object is provided to show its external appearance.
5. The cover, front, and back of each document are reproduced in sequence. The back of a document is only reproduced if it contains text, illustrations, or other markings, and it is oriented from right to left. If it is blank it is not reproduced.
6. Except in a few special cases, the lines of text are reproduced unbroken to make them coherent and easier to read.
7. An illustration of the complete document is reproduced at the top of each page, and the section where the main illustration appears is highlighted in order to indicate its position. If it has only been possible to reproduce a long scroll in sections, the direction symbol has been used to indicate where one illustration ends and the next one begins. If the end of the scroll occupies less than one page, the direction symbol is used to indicate its position in the illustration of the complete document. If the text on the back of the document has a different orientation from the text on the front, it is reproduced as it is, but is also rotated (indicated with the rotation symbol) so that it can be read easily.
8. The titles of the documents generally conform with those already established by the Library, but in some cases have been amended by drawing on the most recent scholarly research. The titles are derived firstly from the beginning of the text, then from the end of the text, and lastly from the cover. If the title of a document differs from its authoritative form, the authoritative form is used; and if a document has no title, one is either supplied by comparison with similar documents, or a new one is devised. If the document is not in Chinese, its language is indicated before the title. If the number of juan is different from that of the authoritative version, or if there are other irregularities, this is noted.
9. The documents in the book are in traditional Chinese characters. Where the title contains personal or place names, the original characters used for these names are retained.

(Translated by David Helliwell)

第七二册目録

BD01063-1 金剛般若波羅蜜經

（後秦）鳩摩羅什 譯

BD01063-2 無常經

（唐）義净 譯

BD01063v 題記

623.5cm × 25cm

可以身相得見如来何
說身相即非身相佛告須菩提
是虛妄若見諸相非相則見
須菩提白佛言世尊頗有
說章句生實信不佛告須
来滅後後五百歲有持戒
能生信心以此爲實當知是人不
三四五佛而種善根已於无量
諸善根聞是章句乃至一念生
菩提如来悉知悉見是諸衆生得
福德何以故是諸衆生无復我相人
相壽者相无法相亦无非法相何以故是諸
衆生若心取相則爲著我人衆生壽者若取
法相即著我人衆生壽者何以故若取非法

相即著我人衆生壽者是故不應取法不
應取非法以是義故如来常說汝等比丘知
我說法如筏喻者法尚應捨何況非法
須菩提於意云何如来得阿耨多羅三藐三
菩提耶如来有所說法耶須菩提言如我解
佛所說義无有定法名阿耨多羅三藐三菩
提亦无有定法如来可說何以故如来所說
法皆不可取不可說非法非非法所以者何一
切賢聖皆以无為法而有差别
須菩提於意云何若人滿三千大千世界七
寶以用布施是人所得福德寧為多不須菩
提言甚多世尊何以故是福德即非福德性
是故如来說福德多若復有人於此經中受持
乃至四句偈等為他人說其福勝彼何以故

BD01063-1　金剛般若波羅蜜經

提言甚多世尊何以故是福德即非福德性
是故如来説福德多若復有人於此經中受持
乃至四句偈等為他人説其福勝彼何以故
須菩提一切諸佛及諸佛阿耨多羅三藐三
菩提法皆從此經出須菩提所謂佛法者
即非佛法
須菩提於意云何須陁洹能作是念我得須
陁洹果不須菩提言不也世尊何以故須陁
洹名為入流而无所入不入色聲香味觸法
是名須陁洹須菩提於意云何斯陁含能作
是念我得斯陁含果不須菩提言不也世尊
何以故斯陁含名一往来而實无往来是名
斯陁含須菩提於意云何阿那含能作是念
我得阿那含果不須菩提言不也世尊何以故

阿那含名為不來而實无來是故名阿那含
須菩提於意云何阿羅漢能作是念我得阿
羅漢道不須菩提言不也世尊何以故實无
有法名阿羅漢世尊若阿羅漢作是念我
得阿羅漢道即為著我人衆生壽者世尊佛
說我得无諍三昧人中最為第一是第一離
欲阿羅漢我不作是念我是離欲阿羅漢世
尊我若作是念我得阿羅漢道世尊則不說
須菩提是樂阿蘭那行者以須菩提實无
所行而名須菩提是樂阿蘭那行
佛告須菩提於意云何如來昔在然燈佛所
於法有所得不世尊如來在然燈佛所於法實
无所得須菩提於意云何菩薩莊嚴佛土不
不也世尊何以故莊嚴佛土者則非莊嚴是

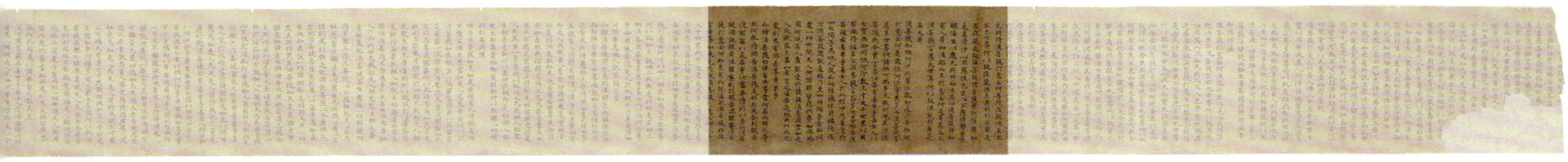

不也世尊如來在然燈佛所於法實
无所得須菩提於意云何菩薩莊嚴佛土不
不也世尊何以故莊嚴佛土者則非莊嚴是
名莊嚴是故須菩提諸菩薩摩訶薩應如
是生清淨心不應住色生心不應住聲香味
觸法生心應无所住而生其心須菩提譬如
有人身如須弥山王於意云何是身為大不
須菩提言甚大世尊何以故佛說非身是
名大身
須菩提如恒河中所有沙數如是沙等恒河
於意云何是諸恒河沙寧為多不須菩提言
甚多世尊但諸恒河尚多无數何況其沙須
菩提我今實言告汝若有善男子善女人以
七寶滿爾所恒河沙數三千大千世界以用

布施得福多不須菩提言甚多世尊佛告須
菩提若善男子善女人於此經中乃至受持
四句偈等爲他人說而此福德勝前福德復
次須菩提隨說是經乃至四句偈等當知此
處一切世間天人阿脩羅皆應供養如佛塔
廟何況有人盡能受持讀誦須菩提當知是
人成就最上第一希有之法若是經典所在之
處則爲有佛若尊重弟子
爾時須菩提白佛言世尊當何名此經我等
云何奉持佛告須菩提是經名爲金剛般若
波羅蜜以是名字汝當奉持所以者何須菩
提佛說般若波羅蜜則非般若波羅蜜須菩
提於意云何如來有所說法不須菩提白佛
言世尊如來无所說須菩提於意云何三千

BD01063-1　金剛般若波羅蜜經

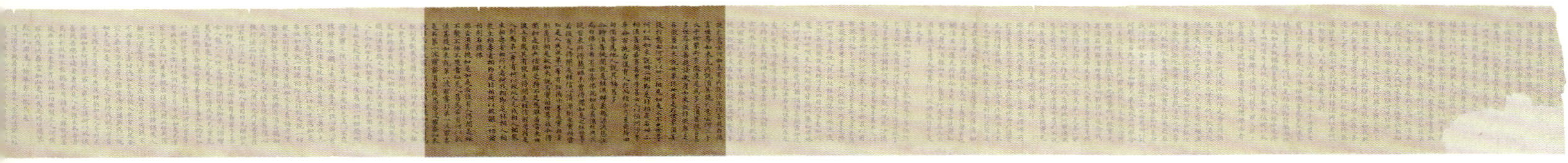

提於意云何如來有所說法不須菩提白佛
言世尊如來无所說須菩提於意云何三千
大千世界所有微塵是爲多不須菩提言甚
多世尊須菩提諸微塵如來說非微塵是
名微塵如來說世界非世界是名世界須菩
提於意云何可以卅二相見如來不不也世尊
何以故如來說卅二相即是非相是名卅二
相須菩提若有善男子善女人以恒河沙等
身命布施若復有人於此經中乃至受持四
句偈等爲他人說其福甚多
尒時須菩提聞說是經深解義趣涕淚悲泣
而白佛言希有世尊佛說如是甚深經典我
從昔來所得慧眼未曾得聞如是之經世尊

若復有人得聞是經信心清淨則生實相當
知是人成就第一希有功德世尊是實相者
則是非相是故如来說名實相世尊我今得
聞如是經典信解受持不足為難若當来世
後五百歲其有衆生得聞是經信解受持是
人則為第一希有何以故此人无我相人相衆
生相壽者相所以者何我相即是非相人相
衆生相壽者相即是非相何以故離一切諸
相則名諸佛
佛告須菩提如是如是若復有人得聞是經
不驚不怖不畏當知是人甚為希有何以故
須菩提如来說第一波羅蜜非第一波羅蜜
是名第一波羅蜜須菩提忍辱波羅蜜如来
說非忍辱波羅蜜何以故須菩提如我昔為

BD01063-1　金剛般若波羅蜜經

是名第一波羅蜜須菩提忍辱波羅蜜如來
說非忍辱波羅蜜何以故須菩提如我昔為
歌利王割截身體我於尒時无我相无人相
无衆生相无壽者相何以故我於往昔節節
支解時若有我相人相衆生相壽者相應生
瞋恨須菩提又念過去於五百世作忍辱仙
人於尒所世无我相无人相无衆生相无壽
者相是故須菩提菩薩應離一切相發阿
耨多羅三藐三菩提心不應住色生心不應
住聲香味觸法生心應生无所住心若心有
住則為非住是故佛說菩薩心不應住色
布施須菩提菩薩為利益一切衆生應如是
布施如來說一切諸相即是非相又說一切

衆生則非衆生須菩提如来是真語者實
語者如語者不誑語者不異語者須菩提如
来所得法此法无實无虛須菩提若菩薩心
住於法而行布施如人入闇則无所見若菩薩
心不住於法而行布施如人有目日光明照見
種種色須菩提當来之世若有善男子善
女人能於此經受持讀誦則爲如来以佛智
慧悉知是人悉見是人皆得成就无量无
邊功德須菩提若有善男子善女人初日分
以恒河沙等身布施中日分復以恒河沙等身
布施後日分亦以恒河沙等身布施如是无量
百千万億劫以身布施若復有人聞此經典信
心不逆其福勝彼何況書寫受持讀誦爲人

BD01063-1　金剛般若波羅蜜經

心不逆其福勝彼何況書寫受持讀誦為人
解說須菩提以要言之是經有不可思議不
可稱量无邊功德如來為發大乘者說為發
最上乘者說若有人能受持讀誦廣為人說
如來悉知是人悉見是人皆得成就不可量
不可稱无有邊不可思議功德如是人等則為
荷擔如來阿耨多羅三藐三菩提何以故須
菩提若樂小法者著我見人見衆生見壽者
見則於此經不能聽受讀誦為人解說須菩
提在在處處若有此經一切世間天人阿脩
羅所應供養當知此處則為是塔皆應恭
敬作禮圍遶以諸華香而散其處
復次須菩提善男子善女人受持讀誦此經

若為人輕賤是人先世罪業應墮惡道以今
世人輕賤故先世罪業則為消滅當得阿耨多
羅三藐三菩提須菩提我念過去无量阿僧
祇劫於然燈佛前得值八百四千万億那由
他諸佛悉皆供養承事无空過者若復有人
於後末世能受持讀誦此經所得功德於我
所供養諸佛功德百分不及百千万億分乃
至笇數譬喻所不能及須菩提若善男子
善女人於後末世有受持讀誦此經所得功
德我若具說者或有人聞心則狂亂狐疑不
信須菩提當知是經義不可思議果報亦不
可思議
尒時須菩提白佛言世尊善男子善女人發
阿耨多羅三藐三菩提心云何應住云何降伏其心

BD01063-1　金剛般若波羅蜜經

尒時須菩提白佛言世尊善男子善女人發
阿耨多羅三藐三菩提心應云何住云何降伏
其心佛告須菩提善男子善女人發阿耨多羅
三藐三菩提心者當生如是心我應滅度一
切衆生滅度一切衆生已而无有一衆生實
滅度者何以故若菩薩有我相人相衆生相
壽者相則非菩薩所以者何須菩提實无
有法發阿耨多羅三藐三提者須菩提於
意云何如来於然燈佛所有法得阿耨多羅
三藐三菩提不不也世尊如我解佛所說義
佛於然燈佛所无有法得阿耨多羅三藐三
菩提佛言如是如是須菩提實无有法如来
得阿耨多羅三藐三菩提須菩提若有法如来

得阿耨多羅三藐三菩提者然燈佛則不與
我受記汝於来世當得作佛号釋迦牟尼以實
无有法得阿耨多羅三藐三菩提是故然燈佛
與我受記作是言汝於来世當得作佛号釋迦
牟尼何以故如来者即諸法如義若有人言
如来得阿耨多羅三藐三菩提須菩提實无
有法佛得阿耨多羅三藐三菩提須菩提如
来所得阿耨多羅三藐三菩提於是中无實
无虛是故如来說一切法皆是佛法須菩提
所言一切法者即非一切法是故名一切法須
菩提譬如人身長大須菩提言世尊如来說
人身長大則爲非大身是名大身須菩提菩
薩亦如是若作是言我當滅度无量衆生則

BD01063-1　金剛般若波羅蜜經

薩亦如是若作是言我當滅度无量衆生則
不名菩薩何以故須菩提實无有法名爲菩
薩是故佛說一切法无我无人无衆生无壽
者須菩提若菩薩作是言我當莊嚴佛土
是不名菩薩何以故如来說莊嚴佛土者即
非莊嚴是名莊嚴須菩提若菩薩通達无我
法者如来說名真是菩薩
須菩提於意云何如来有肉眼不如是世尊
如来有肉眼須菩提於意云何如来有天眼
不如是世尊如来有天眼須菩提於意云何
如来有慧眼不如是世尊如来有慧眼須菩
提於意云何如来有法眼不如是世尊如来
有法眼須菩提於意云何如来有佛眼不如

是世尊如来有佛眼
須菩提於意云何恒河中所有沙佛說是沙
不如是世尊如来說是沙須菩提於意云何
如一恒河中所有沙有如是等恒河是諸恒
河所有沙數佛世界如是寧為多不甚多世
尊佛告須菩提尒所國土中所有衆生若干
種心如来悉知何以故如来說諸心皆為非
心是名為心所以者何須菩提過去心不可
得現在心不可得未来心不可得
須菩提於意云何若有人滿三千大千世界
七寶以用布施是人以是因緣得福多不如
是世尊此人以是因緣得福甚多須菩提若
福德有實如来不說得福德多以福德无

BD01063-1　金剛般若波羅蜜經

是世尊此人以是因緣得福甚多須菩提若
福德有實如来不說得福德多以福德无
故如来說得福德多
須菩提於意云何佛可以具足色身見不不
也世尊如来不應以色身見何以故如来說具
足色身即非具足色身是名具足色身須
菩提於意云何如来可以具足諸相見不不
也世尊如来不應以具足諸相見何以故如
来說諸相具足即非具足是名諸相具足
須菩提汝勿謂如来作是念我當有所說法
莫作是念何以故若人言如来有所說法即
為謗佛不能解我所說故須菩提說法者
无法可說是名說法須菩提白佛言世尊佛
得阿耨多羅三藐三菩提為无所得耶如是

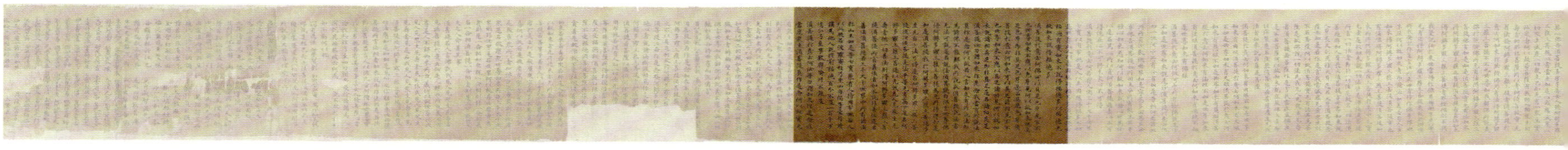

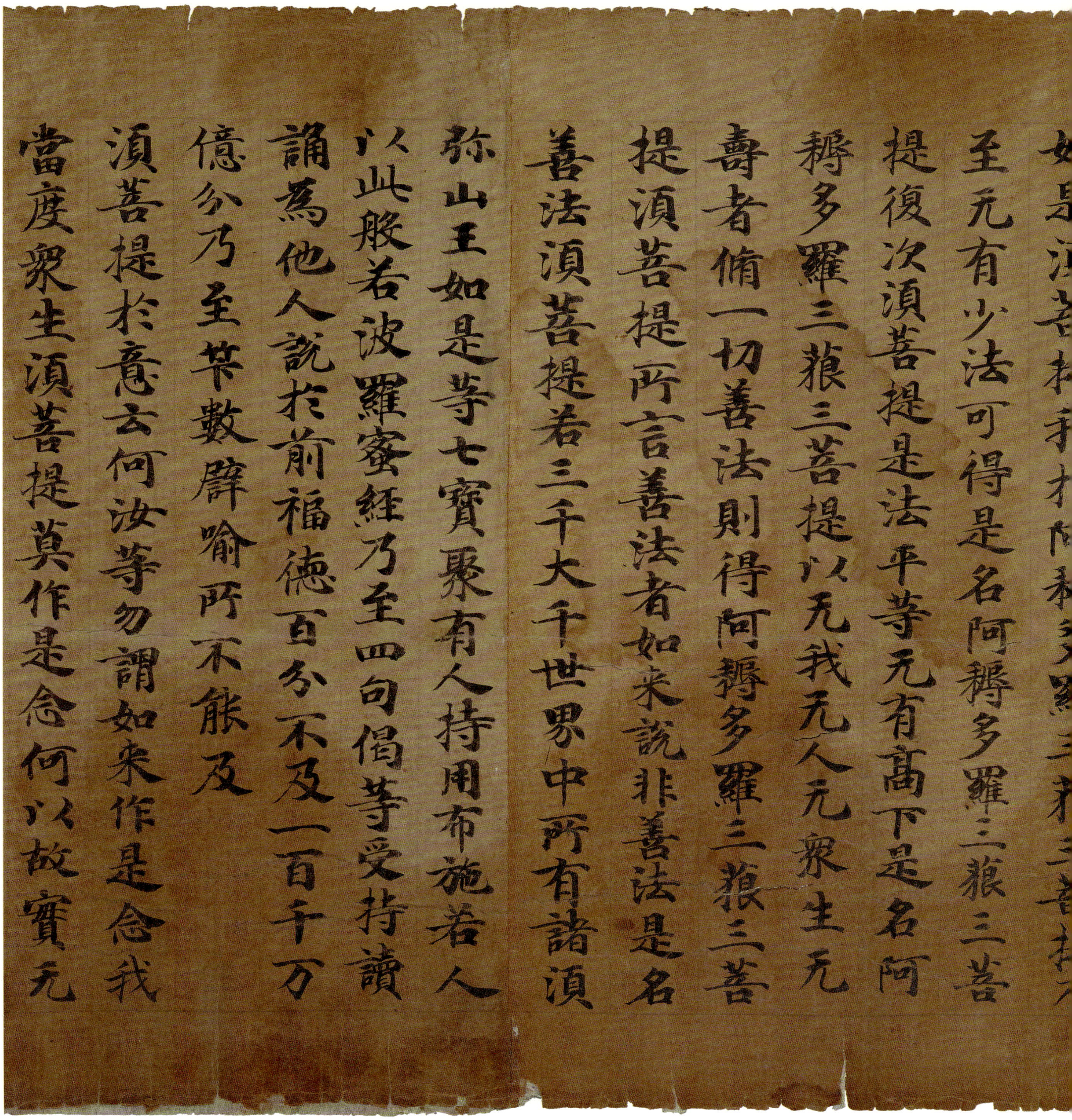

如是須菩提我於阿耨多羅三藐三菩提
至无有少法可得是名阿耨多羅三藐三菩
提復次須菩提是法平等无有高下是名阿
耨多羅三藐三菩提以无我无人无衆生无
壽者脩一切善法則得阿耨多羅三藐三菩
提須菩提所言善法者如來說非善法是名
善法須菩提若三千大千世界中所有諸須
弥山王如是等七寶聚有人持用布施若人
以此般若波羅蜜經乃至四句偈等受持讀
誦爲他人說於前福德百分不及一百千万
億分乃至筭數譬喻所不能及
須菩提於意云何汝等勿謂如來作是念我
當度衆生須菩提莫作是念何以故實无

BD01063-1　金剛般若波羅蜜經

當度衆生須菩提莫作是念何以故實无
有衆生如来度者若有衆生如来度者如来
則有我人衆生壽者須菩提如来說有我者
則非有我而凡夫之人以為有我須菩提凡
夫者如来所說則非凡夫是名凡夫須菩提
於意云何可以卅二相觀如来不須菩提言如是
如是以卅二相觀如来佛言須菩提若以卅二相
觀如来者轉輪聖王則是如来須菩提白
佛言世尊如我解佛所說義不應以卅二相
觀如来尒時世尊而說偈言
若以色見我　以音聲求我　是人行邪道　不能見如来
須菩提汝若作是念如来不以具足
阿耨多羅三藐三菩提須菩提莫

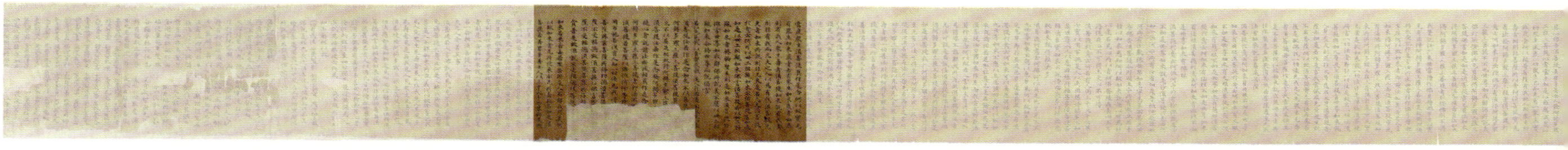

不以具足相故得阿耨多羅三藐三菩
須菩提汝若作是念發阿耨多羅
提心者說諸法斷滅相莫作是念
阿耨多羅三藐三菩提者於法不說
須菩提若菩薩以滿恒河沙等世
用布施若復有人知一切法无我得
菩薩勝前菩薩所得功德須菩提
薩不受福德故須菩提白佛言世
薩不受福德須菩提菩薩所作福
貪著是故佛說不受福德須菩提
如来若来若去若坐若卧是人不解我所義何
以故如来者无所從来亦无所去故名如来須
菩提若善男子善女人以三千大千世界碎為微

BD01063-1　金剛般若波羅蜜經

菩提若善男子善女人以三千大千世界碎為微
塵於意云何是微塵衆寧為多不甚多世
尊何以故若是微塵衆實有者佛則不說
是微塵衆所以者何佛說微塵衆則非微塵
衆是名微塵衆世尊如來所說三千大千世
界則非世界是名世界何以故若世界實有
者則是一合相如來說一合相則非一合相是
名一合相須菩提一合相者則是不可說但凡
夫之人貪著其事
須菩提若人言佛說我見人見衆生見壽者
見須菩提於意云何是人解我所說義不世
尊是人不解如來所說義何以故世尊說我

見壽者見是名我見人見衆生見壽者見

須菩提發阿耨多羅三藐三菩提心者於一

切法應如是知如是見如是信解不生法相須

菩提所言法相者如來說即非法相是名法

相須菩提若有人以滿无量阿僧祇世界七寶

持用布施若有善男子善女人發菩薩心者

持於此經乃至四句偈等受持讀誦爲人

演說其福勝彼云何爲[illegible]說不取於相如

如不動何以故

一切有爲法　如夢幻泡影　如露亦如電　應作如是觀

佛說是經已長老須菩提及諸比丘比丘尼

優婆塞優婆夷一切世間天人阿脩羅聞佛

所說皆大歡喜信受奉行

BD01063-1　金剛般若波羅蜜經

所說皆大歡喜信受奉行

佛說無常三啓經

稽首歸依無上士　常起弘誓大
為濟有情生死流　令得涅槃安隱
大捨防非忍无倦　一心方便正慧
自利利他悉圓滿　故號調御天人師
稽首歸依妙法藏　三四二五理圓明
七八能開四諦門　修者咸到无為岸
法雲法雨潤群生　能除熱惱蠲衆病
難化之徒使調順　隨機引導非强力
稽首歸依真聖衆　八輩上人能離染
金剛智杵破邪山　永斷无始相纏縛
始從鹿苑至雙林　□□一代□□□

各稱本緣行化已　滅身藏智證无上

稽首總敬三寶尊　是為正因能普濟

生死迷愚鎮沉溺　咸令出離至菩提

生者皆歸死　容顏盡變衰　強力病所侵　无能免斯者

假使妙高山　劫盡皆散壞　大海深无底　亦復皆枯竭

大地及日月　時至皆歸盡　未曾有一事　不被無常吞

上生非想處　下至轉輪王　七寶鎮隨身　千子常圍遶

如其壽命盡　須臾不暫停　還漂死海中　隨緣受衆苦

循環三界內　猶如汲井輪　亦如蠶作繭　吐絲還自縛

無上諸世尊　獨覺聲聞衆　尚捨无常身　何況諸凡夫

父母及妻子　兄弟并眷屬　目觀生死隔　云何不愁歎

是故勸諸人　諦聽真實[illegible]　[illegible]常處　當行不死門

佛教如甘露　除熱得清涼　[illegible]心　能滅諸煩惱

如是我聞一時薄伽梵[illegible]　[illegible]伐住誓[illegible]

BD01063-1　金剛般若波羅蜜經　BD01063-2　無常經

佛教如甘露　除熱得清涼　……心　能滅諸煩惱
如是我聞一時薄伽梵……筏住誓多
林給孤獨園尒時佛告……三種法於
諸世間是不可愛是……可念是不
稱意何者為三謂老……必芻此老病
死於諸世間實不可……實不可念
實不稱意若老病……如來
覺不出於世為諸衆生說所證……及
是故應知此老病死於諸世間是不
不光澤是不可念是不稱意由此三事
正等覺出現於世為諸衆生說所
調伏事尒時世尊重說頌曰

唯有勝法不滅亡　諸有智人應善察
此老病死皆共嫌　形儀醜惡極可猒
少年容貌蹔時停　不久咸悲成枯悴
假使壽命滿百年　終歸不免无常逼
老病死苦恒隨逐　常與衆生作无利
尒時世尊說此經已　諸苾蒭衆天龍藥叉
乾達縛阿素洛等　皆大歡喜　信受奉行
常求諸欲境　不行於善事　云何保全命　不見死來侵
命根氣欲盡　支節悉分離　衆苦與死俱　此時徒歎恨
兩目俱飜上　死刀隨業下　意想並慞惶　无能相救濟
長喘連胸急　噎氣喉中乾　死王催伺命　眷屬徒相守
諸識皆昏昧　行入險道中　親知咸棄捨　任彼繩牽去
將至琰魔王　隨業而受報　勝因生善道　惡業隨

将至琰魔王　隨業而受報　勝因生善道　惡業隨
明眼無過慧　黑闇不過癡　病不越怨家　大怖无過死
有生皆歸死　造罪苦切身　當勤策三業　勤脩於福智
眷屬皆捨去　財貨任他將　但持自善根　險道充粮
譬如路傍樹　暫息非久停　車馬及妻兒　不久皆如是
譬如群宿鳥　夜聚且隨飛　死去別親知　乖離亦如是
唯有佛菩提　是真歸伏處　依經我略說　智者善應
天阿素洛藥叉等　來聽法者應至
擁護佛法使長存　各各勤行世尊教
諸有聽徒來至此　或在地上或居空
常於人世起慈悲　日夜自身依法住
願諸世界常安隱　无邊福智益群生
所有罪業並消除　遠離衆苦歸圓寂

恒用末香塗掌散　常持定服以為衣
菩提妙花用莊嚴　隨所住處常安樂

佛說無常經

BD01063v　題記

BD01064　無量壽宗要經（甲本）

176cm×31.5cm

大乘无量壽經

如是我聞一時薄伽梵在舍衛國祇樹給孤獨園與大苾芻僧千二百五十
人大菩薩摩訶薩眾俱尒時世尊告曼殊室利童子曼殊上方世界
名无量功德聚彼土有佛号无量智決定王如來阿羅訶三藐三菩提現為眾生
開示說法曼殊諦聽南閻浮提人壽命短促大限百年於中殀枉橫死眾曼殊如是无
量壽如來功德名稱法要若有眾生得名号若自書或使人書能為經卷受持讀誦
若宅舍所住之處以種種花鬘瓔珞塗香末香而為供養如其命盡復滿得足年
滿足百歲如是曼殊若有眾生得聞是无量壽智決定王如來一百八名号者益其
長壽若有眾生大命將盡憶念如是名号更得增壽如是曼殊善男子善女
人欲求長命於是无量壽如來一百八名号有得聞者或自書使人書受持讀誦得如是
等果報福得具足陀羅尼曰
南謨薄伽勃底阿波唎蜜多阿俞紇硯娜須毗你悉指陁囉佐耶怛他揭他耶怛姪他唵 薩
婆桑悉迦羅波唎輸底達磨底伽伽娜莎訶莎特迦底薩婆婆毗輸底摩訶娜耶波唎
娑縛訶 世尊復告曼殊室利如是如來百八名号若有自書或使人書

鷄他㖿𢮪娑他嗜薩婆桒悉迦羅波唎輸底達摩底伽迦娜莎訶𦘕特迦底薩婆婆毗輸底摩

訶娜耶波唎娑唎莎訶　尒時有九十九姟佛等一時同聲說是无量壽宗要經陁羅尼曰

南謨薄伽勃底阿波唎蜜多阿喻紇硯娜須毗你指陁羅佐㖿𢮪他鷄他㖿𢮪娑他嗜　薩婆桒悉迦

羅波唎輸底達摩底伽迦娜莎訶𦘕特迦底薩婆婆毗輸底摩訶娜耶波唎娑唎莎訶

尒時復有一百四姟佛一時同聲說是无量壽宗要經陁羅尼曰

南謨薄伽勃底阿波唎蜜多阿喻紇硯娜須毗你悉指陁羅佐㖿𢮪他鷄他㖿𢮪娑他嗜薩婆

桒悉迦羅波唎輸底達摩底伽迦娜莎訶𦘕特迦底薩婆婆毗輸底摩訶娜耶波唎娑唎莎訶

尒時復有七姟佛一時同聲說是无量壽宗要經陁羅尼曰

南謨薄伽勃底阿波唎蜜多阿喻紇硯娜須毗你悉指陁羅佐㖿𢮪他鷄他㖿𢮪娑他㖿𢮪薩婆桒

悉迦羅波唎輸底達摩底伽迦娜莎訶𦘕特迦底薩婆婆毗輸底摩訶娜耶波唎娑唎莎訶

尒時有六十六姟佛一時同聲說是无量壽宗要經陁羅尼曰

南謨薄伽勃底阿波唎蜜多阿喻紇硯娜須毗你悉陁羅佐㖿𢮪他鷄他㖿𢮪娑他嗜薩婆

桒悉迦羅波唎輸底達摩底伽迦娜莎訶𦘕特迦底薩婆婆毗輸底摩訶娜耶波唎娑唎莎訶

尒時復有五十五姟佛一時同聲說是无量壽要經陁羅尼曰

南謨薄伽勃底阿波唎蜜多阿喻紇硯娜須毗你指陁羅佐㖿𢮪他鷄他㖿𢮪娑他嗜薩婆

南謨薄伽勃底阿波唎蜜多阿喻紇硯娜須毗你悉指陀囉佐耶怛他羯他耶怛姪他唵薩婆
桑悉迦囉波唎輸底達摩底伽伽娜莎訶某特迦底薩婆婆毗輸底摩訶娜耶波唎婆
囉莎訶　尒時復有四十五殑伽佛一時同聲說是无量壽宗要經陁羅尼曰
南謨薄伽勃底阿波唎蜜多阿喻紇硯娜須毗你悉指陀囉佐耶怛他羯他耶怛姪他唵薩婆桑悉
迦囉波唎輸底達摩底伽伽娜莎訶某特迦底薩婆婆毗輸底摩訶娜耶波唎婆囉莎訶
尒時復有三十六殑伽佛一時同聲說是无量壽宗要經陁羅尼曰
南謨薄伽勃底阿波唎蜜多阿喻紇硯娜須毗你悉指陀囉佐耶怛他羯他耶怛姪他唵薩婆桑悉
迦囉波唎輸底達摩底伽伽娜莎訶某特迦底薩婆婆毗輸底摩訶娜耶波唎婆囉莎訶
尒時復有二十五殑伽佛一時同聲說是无量壽宗要經陁羅尼曰
南謨薄伽勃底阿波唎蜜多阿喻紇硯娜須毗你悉指陀囉佐耶怛他羯他耶怛姪他唵薩婆桑悉迦
囉波唎輸底達摩底伽伽娜莎訶某特迦底薩婆婆毗輸底摩訶娜耶波唎婆囉莎訶
尒時復有恒河沙殑伽佛一時同聲說是无量壽宗要經陁羅尼曰
南謨薄伽勃底阿波唎蜜多阿喻紇硯娜須毗你悉指陀囉佐耶怛他羯他耶怛姪他唵薩婆桑悉迦囉
波唎輸底達摩底伽伽娜莎訶某特迦底薩婆婆毗輸底摩訶娜耶波唎婆囉莎訶
若有自書寫教人書寫是无量壽宗要經讀誦受持畢竟不墮地獄在在所生得宿命智陁羅尼曰

[illegible]

若有自書寫教人書寫是无量壽宗要經受持讀誦如同書寫八万四千一切經要陀羅尼

南謨薄伽勃底阿波唎蜜多阿喻紇硯娜須毗你悉指陀囉佐耶怛他羯他耶怛姪他唵薩婆桑悉迦

囉波唎輸底達摩底伽伽娜莎謨特迦底薩婆婆毗輸底摩訶娜耶波唎婆唎莎訶

若有自書寫教人書寫是无量宗要經即是書寫八百四千部建立塔廟陀羅尼曰

南謨薄伽勃底阿波唎蜜多阿喻紇硯娜須毗你悉指陀囉佐耶怛他羯他耶怛姪他唵薩婆桑悉

迦囉波唎輸底達摩底伽伽娜莎謨特迦底薩婆婆毗輸底摩訶娜耶波唎婆唎莎訶

若有自書寫教人書寫是无量壽宗要經能消五无間等一切重罪陀羅尼曰

南謨薄伽勃底阿波唎蜜多阿喻紇硯娜須毗你悉指陀囉佐耶怛他羯他耶怛姪他唵薩婆桑悉迦

囉波唎輸底達摩底伽伽娜莎謨特迦底薩婆婆毗輸底摩訶娜耶波唎婆唎莎訶

若有自書寫教人書寫是无量壽宗要經受持讀誦設有重罪積如須彌盡能消除陀羅尼曰

南謨薄伽勃底阿波唎蜜多阿喻紇硯娜須毗你悉指陀囉佐耶怛他羯他耶怛姪他唵薩婆桑悉迦囉

波唎輸底達摩底伽伽娜莎謨特迦底薩婆婆毗輸底摩訶娜耶波唎婆唎莎訶

若有自書寫教人書寫是无量壽宗要經受持讀誦者魔王魔眷屬夜叉羅剎不得其便

終无橫死陀羅尼　南謨薄伽勃底阿波唎蜜多阿喻紇硯娜須毗你悉指陀囉佐耶怛他羯他耶

怛姪他唵薩婆桑悉迦囉波唎輸底達摩底伽伽娜莎謨特迦底薩婆婆毗輸底摩訶娜耶

BD01064　無量壽宗要經（甲本）

若有自書寫教人書寫是無量壽宗要經受持讀誦[illegible]
終無横死陁羅尼　南謨薄伽勃底　阿波唎蜜多　阿喻紇硯娜　須毗你悉指陁　囉佐耶　怛他羯他耶
怛姪他　唵　薩婆桑悉迦囉　波唎輸底　達磨底　伽伽那　娑摩訶揭底　娑婆婆毗輸底　摩訶娜耶　波唎
婆囉莎訶　若有自書教人書寫是無量壽宗要經受持讀誦當命時有九十九拘胝
現其人前家千佛授手能往一切佛刹莫於此經生於疑惑陁羅尼曰
南謨薄伽勃底　阿波唎蜜多　阿喻紇硯娜　須毗你悉指陁　囉佐耶　怛他羯他耶　怛姪他　唵　薩婆桑悉迦囉
波唎輸底　達磨底　伽伽那　娑摩訶揭底　娑婆婆毗輸底　摩訶娜耶　波唎婆囉莎訶
若有自書寫教人書寫是無量壽宗要經受持讀誦常得四天大王隨其衛護陁羅尼曰
南謨薄伽勃底　阿波唎蜜多　阿喻紇硯娜　須毗你悉指陁　囉佐耶　怛他羯他耶　怛姪他　唵　薩婆桑悉迦囉
波唎輸底　達磨底　伽伽那　娑摩訶揭底　娑婆婆毗輸底　摩訶娜耶　波唎婆囉莎訶
若有自書教人書寫是無量壽宗要經受持讀誦當得往生西方極樂世界阿彌陁淨土陁羅尼曰
南无薄伽勃底　阿波唎蜜多　阿喻紇硯娜　須毗你悉指陁　囉佐耶　怛他羯他耶　怛姪他　唵　薩婆桑悉迦囉
波唎輸底　達磨底　伽伽那　娑摩訶揭底　娑婆婆毗輸底　摩訶娜耶　波唎婆囉莎訶
若有方所自書寫使人書寫是無量壽經典之處則為是塔廟應恭敬作礼若畜生或為鳥
獸得聞是經如是等類皆當不久得成一切種智陁羅尼曰
南謨薄伽勃底　阿波唎蜜多　阿喻紇硯娜　須毗你悉指陁　囉佐耶　怛他羯他耶　怛姪他　唵　薩婆桑悉迦囉
[illegible]

南謨薄伽勃底 阿波唎蜜多 阿偷欣硯娜 須毗你失指陀 囉佐耶 怛他羯他耶 怛姪他 唵 薩婆桑悉迦囉

波唎輸底 達磨底 伽伽娜 莎訶某特迦底 薩婆婆毗輸底 摩訶娜耶 波唎婆唎莎訶

若有能於是經少分能自寫者等於三千大千世界滿中七寶布施陁羅尼

南謨薄伽勃底 阿波唎蜜多 阿偷欣硯娜 須毗你失指陀 囉佐耶 怛他羯他耶 怛姪他 唵 薩婆桑悉迦囉

波唎輸底 達磨底 伽伽娜 莎訶某特迦底 薩婆婆毗輸底 摩訶娜耶 波唎婆唎莎訶

若有能供養經者則是供養一切諸經等无有異陁羅尼

南謨薄伽勃底 阿波唎蜜多 阿偷欣硯娜 須毗你失指陀 囉佐耶 怛他羯他耶 怛姪他 唵 薩婆桑悉迦囉

波唎輸底 達磨底 伽伽娜 莎訶某特迦底 薩婆婆毗輸底 摩訶娜耶 波唎婆唎莎訶

如是毗婆尸佛 尸棄佛 毗舍浮佛 俱留孫佛 拘那含牟尼佛 迦葉佛 釋迦牟尼佛

若有人以七寶供養如是七佛其福有限書寫受持是无量壽經所有功德不可限量陁羅尼

南謨薄伽勃底 阿波唎蜜多 阿偷欣硯娜 須毗你失指陀 囉佐耶 怛他羯他耶 怛姪他 唵 薩婆桑悉迦囉

波唎輸底 達磨底 伽伽娜 莎訶某特迦底 薩婆婆毗輸底 摩訶娜耶 波唎婆唎莎訶

若有七寶等於須弥以用布施其福尚能知其限量是无量壽經其福不可知數陁羅尼

南謨薄伽勃底 阿波唎蜜多 阿偷欣硯娜 須毗你失指陀 囉佐耶 怛他羯他耶 怛姪他 唵 薩婆桑悉迦囉

波唎輸底 達磨底 伽伽娜 莎訶某特迦底 薩婆婆毗輸底 摩訶娜耶 波唎婆唎莎訶

BD01064　無量壽宗要經（甲本）

波唎輸底 達磨底 伽伽娜 莎訶摩揭底 薩婆婆毗輸底 摩訶娜耶 波唎婆嚟莎訶

如是四大海水可知滴數 是無量壽經典果報不可數量陀羅尼曰

南謨薄伽勃底 阿波唎蜜多 阿喻紇硯娜 須毗你悉指陀 囉佐耶 怛他羯他耶 怛姪他 唵 薩婆桑

悉迦囉 波唎輸底 達磨底 伽伽娜 莎訶摩揭底 薩婆婆毗輸底 摩訶娜耶 波唎婆嚟莎訶

若有自書使人書寫是無量壽宗要經典 又能讀持供養 即如恭敬供養一切十方佛土如來

無有別異陀羅尼曰

南謨薄伽勃底 阿波唎蜜多 阿喻紇硯娜 須毗你悉指陀 囉佐耶 怛他羯他耶 怛姪他 唵 薩婆桑悉迦囉

波唎輸底 達磨底 伽伽娜 莎訶摩揭底 薩婆婆毗輸底 摩訶娜耶 波唎婆嚟莎訶

布施力能成正覺 悟布施力人師子 布施力能聲普聞 慈悲階漸最能入

持戒力能成正覺 悟持戒力人師子 持戒力能聲普聞 慈悲階漸最能入

忍辱力能成正覺 悟忍辱力人師子 忍辱力能聲普聞 慈悲階漸最能入

精進力能成正覺 悟精進力人師子 忍辱力能聲普聞 慈悲階漸最能入

禪定力能成正覺 悟精進力人師子 精進力能聲普聞 慈悲階漸最能入

智慧力能成正覺 悟智慧力人師子 智慧力能聲普聞 慈悲階漸最能入

尒時如來說是經已 一切世間天人阿脩羅揵闥婆等 聞佛所說 皆大歡喜 信受奉行

BD01064　無量壽宗要經（甲本）

BD01065 摩訶般若波羅蜜經卷二六

（後秦）鳩摩羅什 譯

178.3cm × 25.1cm

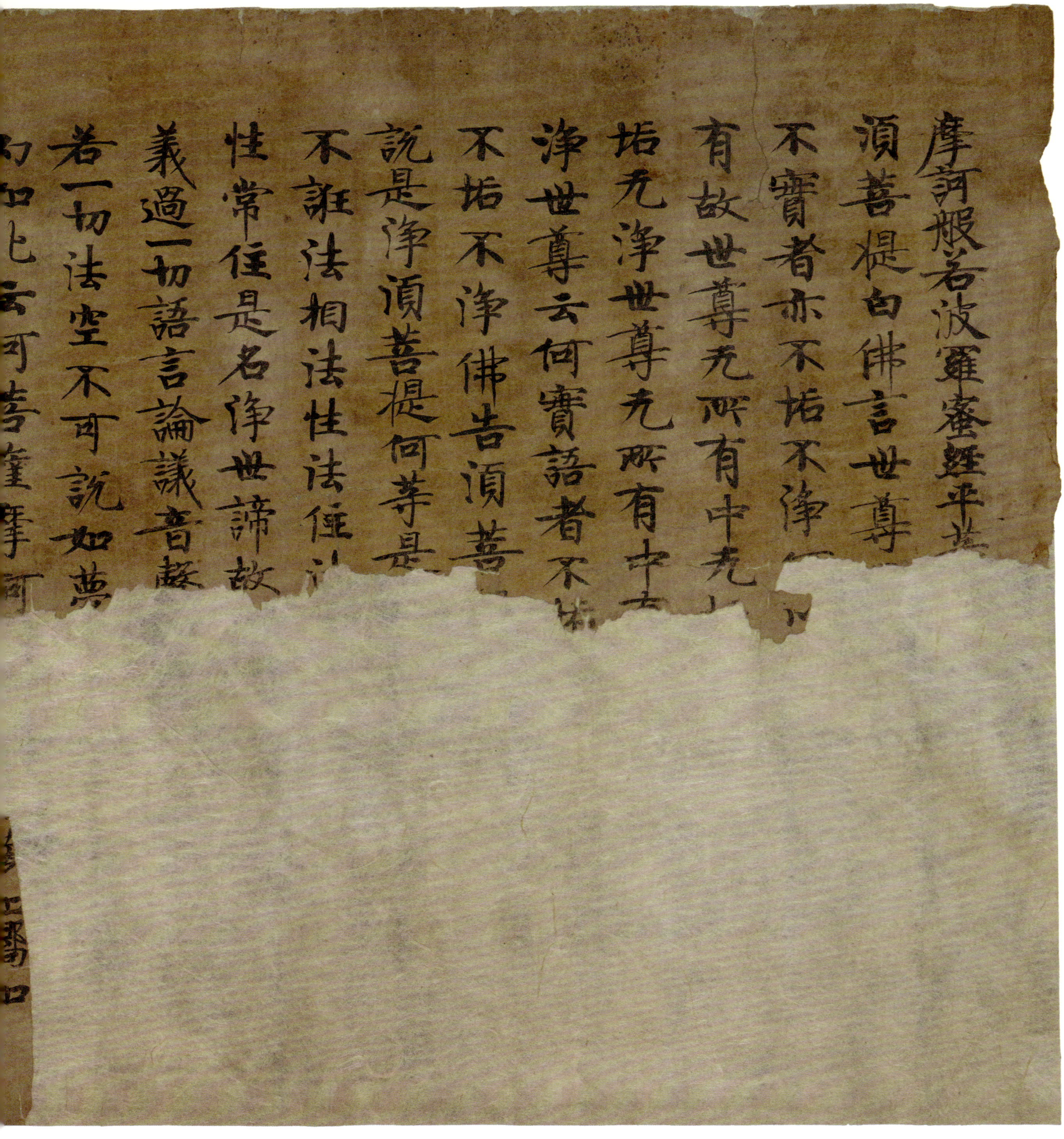

摩訶般若波羅蜜經平
須菩提白佛言世尊
不實者亦不垢不淨
有故世尊无所有中无
垢无淨世尊无所有中
淨世尊云何實語者不
不垢不淨佛告須菩
說是淨須菩提何等是
不誑法相法性法住
性常住是名淨世諦故
義過一切語言論議音聲
若一切法空不可說如夢
如化云何菩薩摩訶

發阿耨多羅三藐三菩[illegible]願我當具
足檀波羅蜜乃至具足般[illegible]蜜我當具
足神通波羅蜜具足智波羅蜜[illegible]足四禪四
无量心四无色定四念處乃至具足八聖道
分我當具足三解脫門八背捨九次第定我
當具足佛十力乃至具足十八不共法我當
具足卅二相八十隨形好具足諸陀羅尼門
諸三昧門我當放大光明遍照十方知諸衆
生心如應說法佛告須菩提於汝意云何汝
所說諸法如夢如響如影如幻如化不須
菩提言尒世尊世尊若一切法如夢乃至
如化菩薩摩訶薩云何行般若波羅蜜世尊
是夢乃至化虛妄不實世尊不應用不實虛

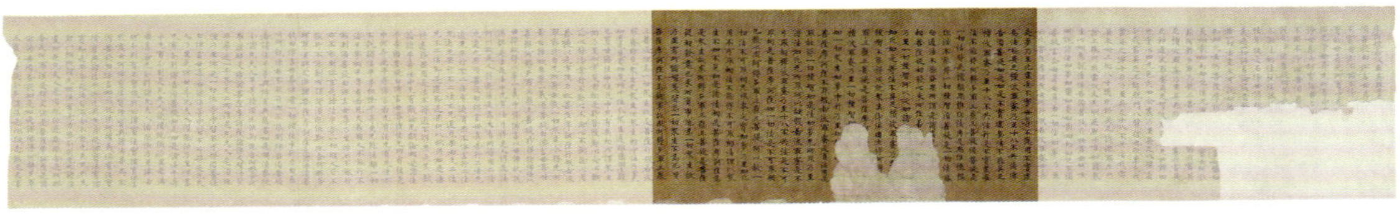

是夢乃至化虛妄不實世尊不應用不實虛
妄法能具足檀波羅蜜乃至十八不共法佛
告須菩提如是如是不實虛妄法不能具足
檀波羅蜜乃至十八不共法行是不實虛妄
法不能得阿耨多羅三藐三菩提須菩提是
一切法皆是憶想思惟作法用是思惟憶想
作法不能得一切種智須菩提是一切法能
助道法不能益果所謂是諸法
相菩薩從初發心來所作善
乃至一切種智何以故知諸
如化如是等法不具足檀波羅蜜乃至
種智不能得成就衆生淨佛國土得阿耨
羅三藐三菩提是菩薩摩訶
檀波羅蜜乃至一切種智如

[illegible]
菩薩摩訶薩不取般若波羅蜜是有法用是
取故得一切種智知是法如夢无所取乃至
諸法如化无所取何以故般若波羅蜜是不
可取相禪波羅蜜乃至十八不共法是不可
取相是菩薩摩訶薩知一切法是不可取相
已發心求阿耨多羅三藐三菩提何以故一
切法不可取相无根本定實如夢乃至如化
用不可取相法不能得不可取相法但以衆
生不知不見如是諸法相是菩薩摩訶薩為
是衆生故求阿耨多羅三藐三菩提是菩薩
從初發意已來所有布施為一切衆生故
乃至有所脩智慧皆為一切衆生不為已身
菩薩摩訶薩不為餘事故求阿耨多羅三藐

菩薩摩訶薩不爲餘事故求阿耨多羅三藐
三菩提但爲一切衆生故是菩薩行般若波
羅蜜時見衆生无衆生但衆生相中住乃至无
知者无見者知見相中住令衆生遠離顛倒遠離
已置甘露性中住是中无有妄相所謂衆生
相乃至知者見者相是時菩薩動心念心戲
論心皆捨常行不動心不念心不戲論心須
菩提以是方便力故菩薩摩訶薩行般若波
羅蜜時自无所著亦教一切衆生令得无所
著世諦故非第一義須菩提白佛言世尊世
尊得阿耨多羅三藐三菩提時得諸佛法以
世諦故得以第一義中得佛言以世諦故說
佛得是法是法中无有法可得是人得是法
何以故是人得是法是爲大有所得用二法
无道无果須菩提白佛言世尊若行一法无

（4—3）

道无果行不二法

无道无果行不二法亦无道无果若无二法
无不二法即是道即是果何以故用如是法
得道得果用是法不得道不得果是為戲
論諸平等法中无有戲論无戲論相是諸法
平等須菩提白佛言世尊諸法无所有性是
中何等是平等佛言若无有法无有无法亦
不説諸法平等相除平等更无餘法離一切
法平等相平等者若凡夫若聖人不能行不
能到須菩提白佛言世尊乃至佛亦不能行
亦不能到佛言是諸法平等一切聖人皆不
能行不能到所謂諸須陀洹斯陀含阿那含
阿羅漢辟支佛諸菩薩摩訶薩及諸佛須菩
提白佛言世尊佛者一切諸法中行力自在
云何説佛亦不能行亦不能到佛告須菩提

提白佛言世尊佛者一切諸法中行力自在
云何說佛亦不能行亦不能到佛告須菩提
若諸法平等與佛有異應當如是問須菩提
今諸凡夫人平等諸須陁洹斯陁含阿那含阿
羅漢辟支佛諸菩薩摩訶薩諸佛及聖法皆
平等是一平等无二所謂是凡夫人是須陁
洹乃至佛是一切法等中皆不可得須菩提
白佛言世尊若諸法等中皆不可得是凡夫
人乃至是佛世尊凡夫人須陁洹乃至佛爲
无有分別佛告須菩提如是如是諸法平等
中无有分別是凡夫人是須陁洹乃至是佛
世尊若无分別諸凡夫人須陁洹乃至佛云
何分別有三寶現於世佛寶法寶僧寶佛言
於意云何佛寶法寶僧寶與諸法等異不
須菩提白佛言如我從佛所聞義佛寶法寶

佛寶[illegible]

寶即是平等是法皆不合不散无色无形无

對一相所謂无相佛有是力能分别无相諸法

處所是凡夫人是須陁洹是斯陁含是阿那

含是阿羅漢是辟支佛是菩薩摩訶薩是諸

佛佛告須菩提如是如是諸佛得阿耨多羅

三藐三菩提分别諸法是地獄是餓鬼是畜

BD01066　大方廣十輪經卷二

259cm × 25.2cm

生知種種愛
屬報因緣欲苦相續流
悉除斷云何為業流觀
名業流生死无際愛因
因緣故无明和合能生
能生六入六入因緣故能生觸
生受受因緣故能生後有後有因
生老病死苦是名苦流如是三流皆
何以故因无明業愛為水潤為欲枯涸
流故樂觀无常名无常忍能觀无常苦空无
我信一切法愚癡无智如幻如炎如水中月
如夢空无相相无願寂滅无生空无諸相常
觀五陰空无相无願隨順忍樂觀察出息入

還數有二種[illegible]
息相滅數有二依止有出能除覺觀出息入
息取其相根觀住有二種觀出息入息見其
滅相心能住定滅有二種盡除諸結深淨於
見脩出入息觀察五陰何以故此出入息名
色盛陰亦名受相行識等盛陰是名五盛陰
種種不相應相復有五種非新非故非有非
般非言如是五種以此五陰觀三種業以此
三業觀究竟盡復觀六處有我我所有業无
明為田愛為濕潤究竟滅盡以是觀察具四
念處脩集滿足四念處四正懃四如意足五
根五力七覺分八聖道分乃至能滿十八不
共法得无生忍及一切智具足首楞嚴三昧
脩出入息安般三昧滿足一切正法住處若

共法得无生忍及一切智具足首楞嚴三昧
脩出入息安般三昧滿足一切正法住處若
能如是脩諸禪定則是供養過去未来一切
諸佛是名佛子從佛口生從正法生有能如
此善脩禪者或是大士諸菩薩等或是盡辟
支羅漢如所脩集是名菩薩摩訶薩則能滿
足十八不共法具一切智善男子是人不久
當得阿耨多羅三藐三菩提亦是三世如来
世尊甚深法眼滿足業行觀察果報安住衆
生於十種禪定如是善男子則能轉於如来
所轉禪定法輪彼善男子云何脩於如来誦
習若有比丘比丘尼優婆塞優婆夷善男子
有少信心微薄善根於世諦中善根未熟令

无上[illegible]
受持種種供養自誦教人誦自說教人說自
供養教人供養自住大乘亦教人住大乘互
相教化滅諸煩惱皆為得於无上道利亦欲
滅諸衆生无量苦若口一為得入无所畏處
涅槃之城若有衆生樂求辟支佛者為說十
二因緣法樂求聲聞者為說百千四種阿含
及与无量阿毗曇等教令誦習如說脩行善
男子是名如來脩誦習輪善男子若有鈍根
衆生為欲發起善根因緣懈怠少智忘失正
念貪著住處衣服飲食四事供養遠離一切
諸善知識如衆生教令勸化斷理僧事及与
佛法和上阿闍梨故是善男子則為安置如
來勸化營事福處如是善男子如實知於脩

来勸化營事福處如是善男子如實知於脩
習業法善男子是名第二佛輪具足三業成
熟衆生輪到於安隱无畏之處能師子吼轉
梵法輪令諸外敵皆悉降伏如實能知衆生
回報善男子辟如灌頂刹利王沙門婆羅門
毗舍首陁諦善觀察誰有勇健種種伎能多
聞持戒善知分別有功德者方便智慧能懃
精進堅固不退種種福德而自莊嚴於是衆
中作灌頂刹利王隨其相狠金銀珎寶倉庫
穀帛及諸田宅奴婢僕使皆悉給与此國若
有於衆生中能持戒者如此衆生亦給恒之
若有衆生下持戒者少於精進懈怠懶惰忘
失正念无慈愍心亦无返復不畏後世在欲

[illegible]
物適罰或以須有種種產業或有罰其鞭杖
或有截其枝節或有斬其身首有如是等无
量教授是名灌頂刹利大王第三輪也能令
增益己之國土降伏一切諸惡外敵守護身
命令得長壽如是如是善男子若我聲聞弟子
離於智慧方便福德及諸調伏忘失正念乱心
放逸歸依於我我知體性隨其相狠而調伏之
若有貢高難可調伏心不恭敬不堅持戒為
法久住而調伏之若起心念教令心悔又須
言語而適罰者驅令下意終不与語亦於僧
中適罰令礼拜呵詰嫌責不同僧利或在
僧前四體投地自歸伏罪或時驅出不得共
住我知衆生種種體性心所趣向能生信解

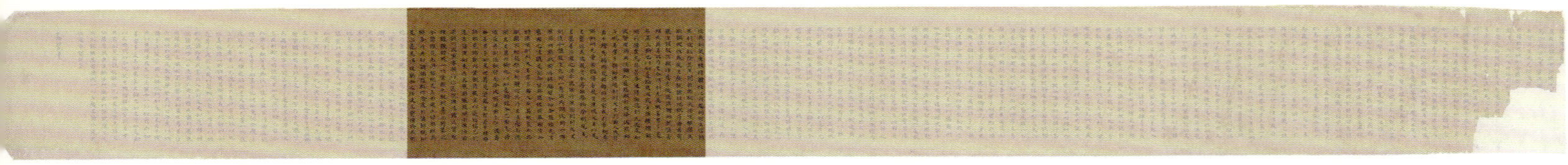

任我知衆生種種體性心所趣向能生信解
爲利彼故除其黑闇乾竭駛流得涅槃樂爲
欲調伏破戒衆生廣説諸經地獄等苦若有
衆生能起信敬淨意方便随彼體相説諸善
根爲具善故乃至令得到无畏城善男子是
名第三輪也以如是輪随彼衆生得種種解
脩行諸業悉具善本使得安隱到无畏處如
彼賢聖轉沸法輪外道怨敵自然降伏能師
子吼善男子辟如灌頂刹利大王於國人民有
若干種即歸即見即解即出家或於吉相專
脩如此无量苦惱傷害衆生灌頂大王以先
王舊法爲彼衆生令專脩學斷除倒見先
王舊善治國之法亦使脩行灌頂刹利大王

[illegible]
舊國之法聽受詔命皆共隨伏同奉國法介
時灌頂刹利大王常与國人同其飲食而共
戲樂不相疑猜心相體信共行王法是名灌
頂大王第四輪也以如是輪能令己國悉得
增長并制怨敵皆悉降伏能保國土守護壽
命善男子如来世尊見諸衆生有若干種耶
歸耶見悕樂耶業觀諸衆生以是因緣已於
過去諸佛如来在大衆前數數開示佛法因
果說六波羅蜜脩行正道說佛法僧三寶聖
種數數顯現一切業報示教利憙而將導之
令諸耶見悉得解脫及与四衆亦皆解脫具
脩善行柔和調順遊戲四念處於諸解脫知
見正道悉得快樂令久住使三寶種終不斷

見正道悉得快樂令又住使三寶種終不斷
絶乃至四正懃四如意足五根五力七覺分
八聖道分一切禪定解脱知見悉得自在遊
戲无㝵如是善男子是名如来第四輪也如
来成就如是輪故令諸衆生一切歸依皆脩
善業同具知見安隱快樂悉令住於无畏之
地高勝大仙所説之處轉佛法輪一切沙門
婆羅門諸梵魔天所不能轉摧伏天魔一切
外道於四衆中能師子吼善男子辟如灌頂
大王能令已國及他人民若自妻色心无猒
足於他產業并諸妻色皆生貪著守護城墎
禁諸雜物國土村邑及以王宮乃至戎邏皆
悉遮制縱密堅固善男子是名第五灌頂大
[illegible]

外諸怨敵皆悉隱伏亦得已國[illegible]
護身命善男子如來多陁阿伽度能令魔王
波旬九十五種衆邪外道及諸无量一切衆
生於已產業心无猒足乃至欲害我故以火
坑毒飯推山欲鉀放其醉象或拔利劒以如
是等而逐於我或以塵穢而坌於佛或以婬
欲而謗如來或言非人亦非丈夫如是種種
誹謗毀呰以口惡罵於佛法僧為諸利養衆
因緣故而生嫉妬誹謗聲聞如來世尊善守
六根住四梵處教諸聲聞或以四念處以四
辯才為說聲聞三解脫門如是如來若干種
或以世間法及出世法能令一切如實而知
善男子是名如來第五輪也如來備如是輪
以出世間知令他衆生種種歸依皆同產業

以出世間知令他衆生種種歸依皆同產業
共其知見安隱快樂住无所畏是諸高勝大
仙居處轉佛法輪沙門婆羅門諸梵魔王天
所不能轉悉能摧伏一切天魔及諸外道於
四衆中能師子

十輪經卷第二

BD01067　大般涅槃經卷二六

（北涼）曇無讖　譯

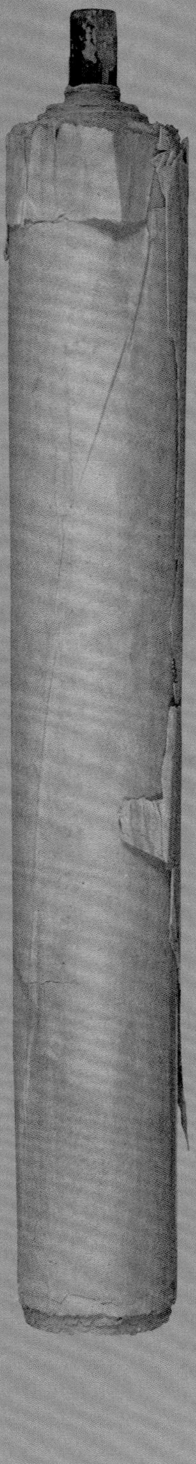

825cm×25.5cm

之人五欲所縛令魔波旬自在將
師輪捕獮猴擔負歸家善男子譬如國
住己界身心安樂若至他界則得衆苦一切
衆生亦復如是若能自住己境界者則得安
樂若至他界則遇惡魔受諸苦惱自境界者
謂四念處他境界者謂五欲也云何名爲繫
屬於魔有諸衆生无常見常常見无常苦見
於樂樂見於苦不淨見淨淨見不淨无我見
我我見无我非實解脫橫見解脫真實解
脫見非解脫非乘見乘乘見非乘如是之人
名繫屬魔繫屬魔者心不清淨復次善男子
若見者去真實是相總別之相當如是之

男相見女女相見日日相見月月相見歲歲
相見陰陰相見入入相見界界相見如是見者
名繫屬魔繫屬魔者心不清淨復次善男子
若見我是色色中有我我中有色色屬於我
乃至見我是識識中有我我中有識識屬於
我如是見者繫屬於魔非我弟子善男子我
聲聞弟子遠離如來十二部經脩習種種外
道典籍不脩出家寂滅之業純營世俗在家
之事何等名為在家事耶受畜一切不淨之物
奴婢田宅象馬車乘驢駞雞犬獼猴猪羊種種
穈麦遠離師僧親附白衣違返聖教向諸白
衣作如是言佛聽比丘受畜種種不淨之物

衣作如是言佛聽比丘受畜種種不淨之物
是名脩習在家之事有諸弟子不為涅槃但
為利養親近聽受十二部經招提僧物及僧
隨物衣著食噉如自己有慳惜他家及以稱
譽親近國王及諸王子卜㗇吉凶推步盈虛
圍碁六博樗捕投壺親比丘尼及諸處女畜
二沙弥常遊屠獵估酒之家及栴陀羅所住
之處種種販賣手自作食受使隣國通致信
命如是之人當知即是魔之眷屬非我弟子
以是因緣心共貪生心共貪滅乃至癡心
共生共滅亦復如是善男子以是因緣心性
不淨亦非不淨是故我說心得解脫若有不
受不畜一切不淨之物為大涅槃受持讀誦

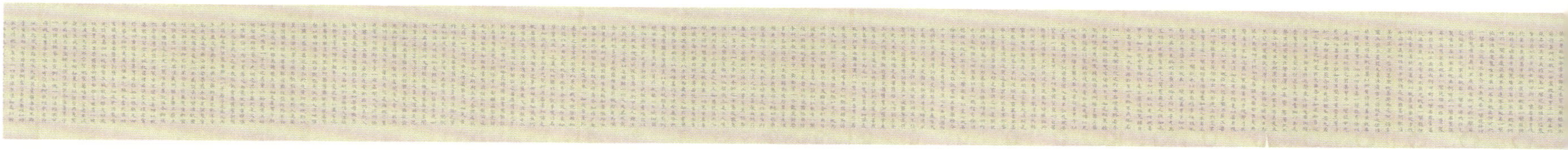

十二部經書寫解說讀知是等真實之不
行悪魔波旬境界即是脩習卅七品以脩習
故不共貪生不共貪滅是名菩薩脩大涅槃
微妙經典具足成就第八功德復次善男子
云何菩薩摩訶薩脩大涅槃微妙經典具足
成就第九功德善男子菩薩摩訶薩脩大涅
槃微妙經典初發五事悉得成就何等為五
一者信二者直心三者戒四者親近善友五者
多聞云何為信菩薩摩訶薩信於三寶施有
果報信於二諦一乘之道更无異趣為諸衆
生速得解脫諸佛菩薩分別為三信第一義
諦信善方便是故為信如是信者若諸沙門
若婆羅門若天魔梵一切衆生所不能壞因

若婆羅門若天魔梵一切衆生所不能壞因
是信故得聖人姓脩行布施若多若少悉得
近於大般涅槃不墮生死戒聞智慧亦復如
是是名爲信雖有是信而亦不見是爲菩薩
脩大涅槃成就初事云何直心菩薩摩訶薩
於諸衆生作質直心一切衆生若遇因緣則
生諂曲菩薩不尒何以故善解諸法悉因緣
故菩薩摩訶薩雖見衆生諸惡過咎終不說
之何以故恐生煩惱若生煩惱則墮惡趣如
是菩薩若見衆生有少善事則讚嘆之云何
爲善所謂佛性讚佛性故令諸衆生發阿耨
多羅三藐三菩提心

言世尊如佛所說菩薩摩訶薩
无量衆生發阿耨多羅三藐三菩提心是義
不然何以故如来初開涅槃經時說有三種
一者若有病人得良醫藥及瞻病者病則易
差如其不得則不可愈二者若得不得悉不
可差三者若得不得悉皆可差一切衆生亦
復如是若遇善友諸佛菩薩聞說妙法則得
發於阿耨多羅三藐三菩提心如其不遇則
不能發所謂須陁洹斯陁含阿那含阿羅漢
辟支佛二者雖遇善友諸佛菩薩聞說妙法
亦不能發若其不遇亦不能發謂一闡提三
者若遇不遇一切悉能發阿耨多羅三藐三
菩提心所謂菩薩若言遇与不遇悉發阿耨

者亦遇不遇一切悉能發阿耨多羅三藐三
菩提心所謂菩薩若言遇与不遇悉發阿耨
多羅三藐三菩提心者如来今者云何說言
曰讀佛性令諸衆生發阿耨多羅三藐三菩
提心世尊若遇善友諸佛菩薩聞說妙法及
以不遇悉不能發阿耨多羅三藐三菩提心
當知是義亦復不然何以故如是之人當得
阿耨多羅三藐三菩提故一闡提輩以佛性
故若聞不聞悉亦當得阿耨多羅三藐三菩
提故世尊如佛所說何等名為一闡提也謂
斷善根如是之義亦復不然何以故不斷佛
性故如是佛性理不可斷云何佛說斷諸善
根如佛往昔說十二部經善有二種一者常
一者無常常者不斷無常者斷無常可斷故

闡提如來何故作如是說言一闡提世尊若
因佛性發阿耨多羅三藐三菩提何故如來
廣為衆生說十二部經世尊譬如四河從阿
那婆蹹多池出若有天人諸佛世尊說言是
河不入大海當還本原无有是處菩提之心
亦復如是有佛性者若聞不聞若戒非戒若
施不施若脩不脩若智非智悉皆應得阿耨
多羅三藐三菩提世尊如憂陁延山日從中
出至于正南日若念言我不至西還東方者
无有是處佛性亦尒若不聞不戒不施不脩
不智不得阿耨多羅三藐三菩提者无有是
處世尊諸佛如來說因果性非有非无如是

BD01067　大般涅槃經卷二六

處世尊諸佛如來說曰果性非有非无如是
之義是㸃不然何以故如其乳中无酪性者
則无有酪尼拘陁子无五丈者則不能生五
丈之質若佛性中无阿耨多羅三藐三菩提
樹者云何能生阿耨多羅三藐三菩提樹以
是義故所說曰果非有非无如是之義云何
相應尒時世尊讚言善哉善哉善男子世有
二人甚為希有如優曇華一者不行惡法二
者有罪能悔如是之人甚為希有復有二人
一者作恩二者念恩復有二人一者諮受新
法二者温故不忘復有二人一者造新二者
脩故復有二人一樂聞法二樂說法復有二

善能[illegible][illegible]説如來世尊善男子[illegible]是善[illegible][illegible]得
轉于无上法輪能枯十二因緣大樹能度无
邊生死大河能与魔王波旬共戰能摧波旬
所立勝幢善男子如我先說三種病人值遇
良醫瞻病好藥及以不遇病悉得差是義云
何若得不得謂定壽命所以者何是人已於
无量世中脩三種善謂上中下以脩如是三
種善故得定壽命如欝單曰人壽命千年有
遇病者若得良醫好藥瞻病及以不得悉皆
得差何以故得定命故善男子如我所說若
有病人得遇良醫好藥瞻病病得除差若不
遇者則不得差是義云何善男子如是之人
壽命不定命雖未盡有九因緣能夭其壽何

壽命不定命雖未盡有九因緣能夭其壽何
等爲九一者知食不安而反食之二者多食
三者宿食未消而復更食四者大小便利不
隨時節五者病時不隨醫教六者不隨瞻病
教勑七者強耐不吐八者夜行以夜行故惡
鬼打之九者房室過差以是緣故我說病者
若遇醫藥病則可差若不遇者則不可愈善
男子如我先說若遇不遇俱不差者是義云
何有人命盡若遇不遇悉不可差何以故以
命盡故以是義故我說病人若遇醫藥及以
不遇悉不得差衆生亦爾發菩提心者若遇
善友諸佛菩薩諮受深法若不遇之皆悉當

[illegible]

聞善友諸佛菩薩所說深法則發阿耨多羅
三藐三菩提心若不值遇諸佛菩薩聞說深
法則不能發阿耨多羅三藐三菩提心如不定
命以九因緣命則中夭如彼病人值遇醫藥
病則得差若不遇者病則不差是故我說遇
佛菩薩聞說深法則能發心若不值遇則不
能發如我先說若遇善友諸佛菩薩聞說深
法若不值遇俱不能發是義云何善男子一
闡提輩若遇善友諸佛菩薩聞說深法及以
不遇俱不得離一闡提心何以故斷善法故
一闡提輩不得阿耨多羅三藐三菩提所以
者何若能發於菩提之心則不復名一闡提

[illegible]

者何若能發於菩提之心則不復名一闡提
也善男子以何緣故說一闡提得阿耨多羅
三藐三菩提一闡提輩實不得阿耨多羅三
藐三菩提如命盡者雖遇良醫好藥瞻病不
能得差何以故以命盡故善男子一闡名信
提名不具不具信故名一闡提佛性非信衆
生非具以不具故云何可斷一闡名善方便
提名不具脩善方便不具足故名一闡提佛
性非是脩善方便衆生非具以不具故云何
可斷一闡名進提名不具進不具故名一闡
提佛性非進衆生非具以不具故云何可斷
一闡名念提名不具念不具故名一闡提佛性
非念衆生非具以不具故云何可斷一闡名

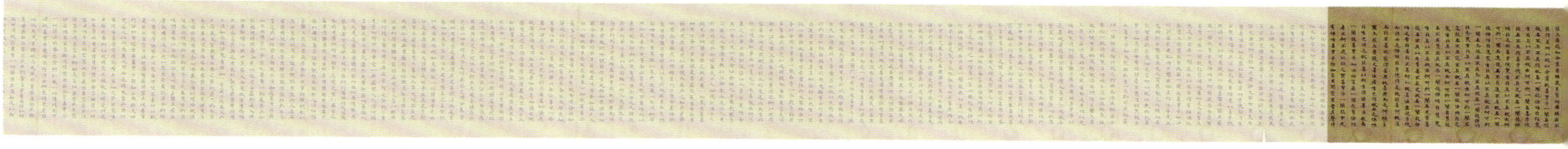

定非定不具定不具故名一闡提佛性非定
衆生非具以不具故云何可斷一闡名慧提
名不具慧不具故名一闡提佛性非慧衆
生非具以不具故云何可斷一闡名无常善
提名不具以无常善不具是故名一闡提佛
性是常非善非不善何以故善法要從方便
而得而是佛性非方便得是故非善何故復
名非不善也能得善果故善果即是阿耨多
羅三藐三菩提又善法者生已得故而是佛性
非生已得是故非善以斷生得諸善法故名
一闡提善男子如汝所言若一闡提有佛性
者云何不遮地獄之罪善男子一闡提中无
有佛性善男子譬如有王聞箜篌音其聲清

有佛性善男子辟如有王聞箜篌音其聲清
妙心即耽著喜樂愛念情无捨離即告大臣
如是妙音從何處出大臣荅言如是妙音從
箜篌出王復語言持是聲來尒時大臣即持
箜篌置於王前而作是言大王當知此即是
聲王語箜篌出聲出聲而是箜篌聲亦不
出尒時大王即断其弦聲亦不出取其皮木
悉皆折裂推求其聲了不能得尒時大王即
瞋大臣云何乃作如是妄語大臣白王夫取
聲者法不如是應以衆緣善巧方便聲乃出
耳衆生佛性亦復如是无有住處以善方便
故得可見以可見故得阿耨多羅三藐三菩

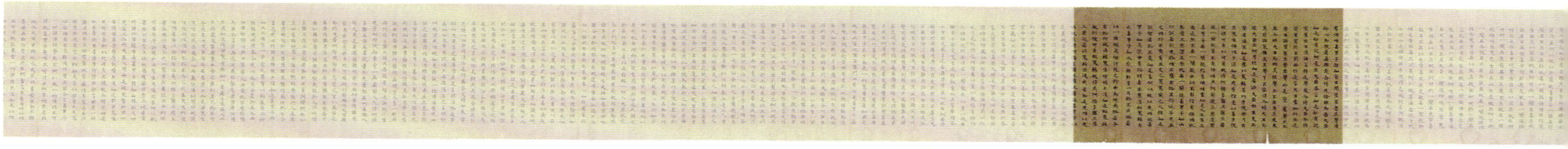

善男子若一闡提信有佛性當知是人不至三
惡是亦不名一闡提也以不自信有佛性故
即墮三惡墮三惡故名一闡提善男子如汝
所說若乳无酪性不應出酪尼拘陁子无五
丈性則不應有五丈之質愚癡之人作如是
說智者終不發如是言何以故以无性故善
男子如其乳中有酪性者不應復假衆緣力
也善男子如水乳雜卧至一月終不成酪若
以一渧頗求樹汁投之於中即便成酪若本
有酪何故待緣衆生佛性亦復如是假衆緣
故則便可見假衆緣故得成阿耨多羅三藐
三菩提若待衆緣然後成者即是无性以无
性故能得阿耨多羅三藐三菩提善男子以

三菩提若待衆緣然後成者即是无性以无
性故能得阿耨多羅三藐三菩提善男子以
是義故菩薩摩訶薩常讚人善不訟彼缺名
質直心復次善男子云何菩薩質直心也菩
薩摩訶薩常不犯惡設有過失即時懺悔於
師同學終不覆藏慚愧自責不敢復作於輕
罪中生極重想若人詰問荅言實犯復問是
罪為好不好荅言不好復問是罪為善不善
即言不善復問是罪是善果耶不善果耶荅
言是罪實非善果又問是罪誰之所造將非
諸佛法僧為汝作耶荅言非佛法僧我所作
也乃是煩惱之所攝集以直心故信有佛性

……衣服飲食臥具醫藥……
十万不足爲多是名菩薩質直心也云何菩薩
脩持於戒菩薩摩訶薩受持禁戒不爲生天
不爲恐怖乃至不受雞戒狗戒牛戒雉戒不
作破戒不作缺戒不作瑕戒不作雜戒不作
聲聞戒受持菩薩摩訶薩戒尸波羅蜜戒得
具足戒不生憍慢是名菩薩脩大涅槃具第
三戒云何菩薩親近善友菩薩摩訶薩常爲
衆生說於善道不說惡道說於惡道非善果
報善男子我身即是一切衆生真善知識是
故能断富迦羅婆羅門所有耶見善男子若
有衆生親近我者雖有生於地獄因緣即得
生天如須那刹多等應墮地獄以見我故即
得断除地獄因緣生於天上……

有衆生親近我者數有生於地獄因緣即得
生天如須那剎多等應墮地獄以見我故即
得斷墮地獄因緣生於色天雖有舍利弗目
揵連等不名衆生真善知識何以故生一闡
提心因緣故善男子我昔住於波羅㮈國時
舍利弗教二弟子一觀白骨一令數息經歷
多年各不得定以是因緣即生耶見言无涅
槃无漏之法設其有者我應得之何以故我
能善持所受戒故我於尒時見是比丘生此
耶心嘆舍利弗而呵責之汝不善教云何乃
為是二弟子顛倒說法汝二弟子其性各
異一主浣衣一是金師金師之子應教數息
浣衣之人應教骨觀以汝錯教令是二人生

陁巳得阿羅漢果是故我為一切衆生真善
知識非舍利弗目揵連等若使衆生有極重
結得遇我者我以方便即為斷之如我弟難
陁有極重欲我以種種善巧方便而為除斷
鴦掘摩羅有重瞋恚以見我故瞋恚即息阿
闍世王有重愚癡以見我故癡心即滅如婆
熙伽長者於无量劫脩習成就極重煩惱以
見我故即便斷滅設有薜惡斯下之人親近
於我作弟子者以是因緣一切人天恭敬愛
念尸利鞠多耶見熾盛因見我故耶見即滅
因見我故斷地獄因作生天緣如氣嘘旃陁
羅命垂終時因見我故還得壽命如憍尸迦
狂心錯亂因見我故還得本心如瘦瞿曇弥

狂心錯亂由見我故還得本心如殲瞿曇弥
屠家之子常脩惡業以見我故即便捨離如
闡提比丘由見我故寧捨身命不毀禁戒如
草繫比丘以是義故阿難比丘說半梵行名
善知識我言不尒具足梵行乃名善知識是
故菩薩脩大涅槃具足第四親善知識云何
菩薩具足多聞菩薩摩訶薩為大涅槃十二
部經書寫讀誦分別解說是名菩薩具足多
聞除十一部唯毗佛略受持讀誦書寫解說
亦名菩薩具足多聞除十二部經若能受持
是大涅槃微妙經典書寫讀誦分別解說是
名菩薩具足多聞除是經典具足全體若能

若知如來常不說法亦名菩薩具足多聞何
以故法无性故如來雖說一切諸法常无所
說是名菩薩脩大涅槃成就第五具足多聞
善男子若有善男子善女人為大涅槃具足
成就如是五事難作能作難忍能忍難施能
施云何菩薩難作能作若聞有人食一胡麻
得阿耨多羅三藐三菩提者信是語故乃至
无量阿僧祇劫常食一麻若聞入火得阿耨
多羅三藐三菩提者於无量劫在阿鼻獄入
熾火聚是名菩薩難作能作云何菩薩難忍
能忍若聞受苦手杖刀石斫打因緣得大涅槃
即於无量阿僧祇劫身具受之不以為苦是
名菩薩難忍能忍云何菩薩難施能施若聞

名菩薩難忍能忍云何菩薩難施能施若聞
能以國城妻子頭目髓腦恵施於人得阿耨
多羅三藐三菩提者即於无量阿僧祇劫以
其所有國城妻子頭目髓腦恵施於人是名
菩薩難施能施菩薩雖復難作能作終不念
言是我所作難忍難施亦復如是善男子辟
如父母唯有一子愛之甚重以好衣裳上妙
餚饍随時將養令无所乏其子若於是父母
所生輕慢心惡口罵辱父母愛故不生瞋恨
亦不念言我与是児衣服飲食菩薩摩訶薩
亦復如是視諸衆生猶如一子若子遇病父母
亦病爲求醫藥懃而療之病既差已終不生

煩惱斷煩惱斷已終不念言我為衆生斷諸
煩惱若生此念終不得成阿耨多羅三藐三
菩提唯作是念无一衆生我為說法令斷煩
惱菩薩摩訶薩於諸衆生不瞋不喜何以故
善能脩習空三昧故菩薩若脩空三昧者當
於誰所生瞋生喜善男子譬如山林猛火所
焚若人斫伐或為水㵎而是林木當於誰所
生瞋生喜菩薩摩訶薩亦復如是於諸衆生
无瞋无喜何以故脩空三昧故尒時光明遍
照高貴德王菩薩摩訶薩白佛言世尊一切
諸法性自空耶空故空若性自空者不須
脩空然後見空云何如來言以脩空而見空
耶若性自不空雖復脩空不能令空善男子

循空然後見空云何如来言以循空而見空
耶若性自不空雖復循空不能令空善男子
一切諸法性本自空何以故一切法性不可
得故善男子色性不可得云何色性色者非
地水火風不離地水火風非青黃赤白不離
青黃赤白非有非无云何當言色有自性以性
不可得故說爲空一切諸法亦復如是以相
似相續故凡夫見已說言諸法不空寂菩
薩摩訶薩具足五事是故見法性本空寂善
男子若有沙門及婆羅門見一切法性不空
者當知是人非是沙門非婆羅門不得循習
般若波羅蜜不得入於大般涅槃不得覩見
諸佛菩薩是魔眷屬善男子一切諸法性本

如一切法性无常故滅能滅之若非无常滅
不能滅有為之法有生相故生能生之有滅
相故滅能滅之一切諸法有苦相故苦能令
苦善男子如鹽鹹性能鹹異物石蜜性甘能
甘異物苦酒性酢能酢異物薑本性辛能辛
異物呵梨勒苦能苦異物菴羅菓醋能醋異
物毒性能害令異物害甘露之性令人不死
若合異物亦能不死菩薩脩空亦復如是以
脩空故見一切法性皆空寂光明遍照高貴
德王菩薩復作是言世尊若鹽能令非鹹作
鹹脩空三昧若如是者當知是法非善非妙
其性顛倒若空三昧唯見空者空是无法為
可所見善男子是空三昧見不空法能令空

其性顛倒若空三昧唯見空者空是无法爲
何所見善男子是空三昧見不空法能令空
寂然非顛倒如鹽非鹹作鹹是空三昧亦
復如是不空作空善男子貪是有性非是空
性貪若是空衆生不應以是因緣墮於地獄
若墮地獄云何貪性當是空耶善男子色性
是有何等是性所謂顛倒以顛倒故衆生生
貪若是色性非顛倒者云何能令衆生生貪
以生貪故當知色性非不是有以是義故脩空
三昧非顛倒也善男子一切凡夫若見女人
即生女想菩薩不尒雖見女人不生女想以
不生想貪則不生貪不生故非顛倒也以世

時諸言是女是則顛倒是故我為閑林言
汝婆羅門若以晝為夜是即顛倒以夜為晝
是亦顛倒晝為晝相夜為夜相云何顛倒善
男子一切菩薩住九地者見法有性以是見
故不見佛性若見佛性則不復見一切法性
以脩如是空三昧故不見法性以不見故則
見佛性諸佛菩薩有二種說一者有性二者
无性為衆生故說有法性為諸賢聖說无法
性為不空者見法空故脩空三昧令得見空
无法性者亦脩空故空以是義故脩空見空
善男子汝言見空空是无法為何見者善男
子如是如是菩薩摩訶薩實无所見无所見
者即无所有无所有者即一切法菩薩摩訶
薩脩大涅槃於一切法悉无所見若有見者

子如是如是菩薩摩訶薩實无所見无所見
者即无所有无所有者即一切法菩薩摩訶
薩脩大涅槃於一切法悉无所見若有見者
不見佛性不能脩習般若波羅蜜不得入於
大般涅槃是故菩薩見一切法性无所有善
男子菩薩不但因見三昧而見空也般若波
羅蜜亦空禪波羅蜜亦空毗梨耶波羅蜜亦
空羼提波羅蜜亦空尸波羅蜜亦空檀波羅
蜜亦空色亦空眼亦空識亦空如來亦空
大般涅槃亦空是故菩薩見一切法皆悉是
空是故我在迦毗羅城告阿難言汝莫愁惱
悲泣涕哭阿難即言如來世尊我今眷屬悉
皆死盡云何當得不愁啼耶如來与我俱生
此城俱同釋種親戚眷屬云何如來獨不愁

[illegible]
毗羅真實而有我見空寂悉无所有汝見
釋種悉是親戚我修空故悉无所見以是因
緣汝生愁苦我身顏容益見光顯諸佛菩薩
修習如是空三昧故不生愁惱是名菩薩修
大涅槃微妙經典成就具足第九功德善男
子云何菩薩修大涅槃微妙經典具足宗後
第十功德善男子菩薩修習三十七品入大
涅槃常樂我淨為諸衆生分別解說大涅
槃經顯示佛性若須陁洹斯陁含阿那含阿
羅漢辟支佛菩薩信是語者悉得入於大般
涅槃若不信者輪迴生死尒時光明遍照高
貴德王菩薩白佛言世尊何等衆生於是經
中不生恭敬善男子我涅槃後有聲聞弟子

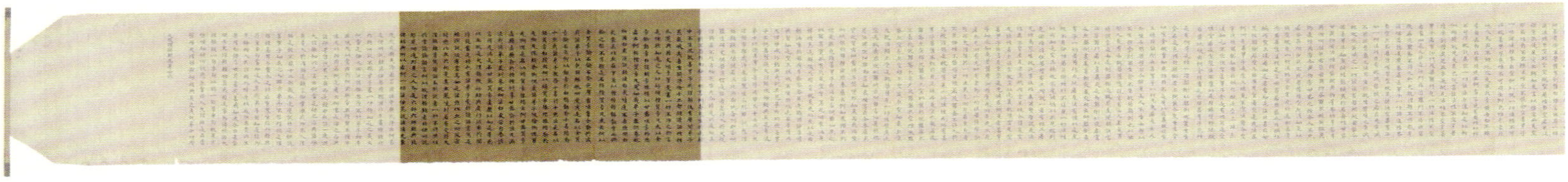

中不生恭敬善男子我涅槃後有聲聞弟子
愚癡破戒喜生鬬諍捨十二部經讀誦種種
外道典籍文頌手筆受畜一切不淨之物言
是佛聽如是之人以好栴檀貿易凡木以金
易鍮銀易白鑞絹易㲲褐以甘露味易於惡
毒云何栴檀貿易凡夫(木)如我弟子為供養故
向諸白衣演說經法白衣情逸不喜聽聞白
衣處高比丘在下兼以種種餚饍飲食而供
給之猶不肯聽是名栴檀貿易凡木云何以
金貿易鍮石鍮石喻色聲香味觸金喻於戒
我諸弟子以色因緣破所受戒是名以金貿
易鍮石云何以銀易於白鑞銀喻十善鑞喻

[illegible]

无慚无愧絹𠌭慚愧我諸弟子放捨慚愧習

无慚愧是名以絹貨易鑊褐云何甘露貨易

毒藥毒藥𠌭於種種利養甘露喻於諸无漏

法我諸弟子為利養故向諸白衣若自譽讚

言得无漏是名甘露貨易毒藥以如是等惡

比丘故是大涅槃微妙經典廣行流布於閻

浮提當是時也有諸弟子受持讀誦書寫是

經演說流布當為如是諸惡比丘之所殺害

時惡比丘共相聚集立嚴峻制若有受持大

涅槃經書寫讀誦分別說者一切不得共住

共坐談論語言何以故涅槃經者非佛所說

耶見所造耶見之人即是六師六師經典非

佛經典所以者何一切諸佛悉說諸法无常

佛經典所以者何一切諸佛悉說諸法无常
无我无樂无淨若言諸法常樂我淨云何當
是佛所說經諸佛菩薩聽諸比丘畜種種物
六師所說不聽弟子畜一切物如是之義云
何當是佛之所說諸佛菩薩不制弟子斷牛
五味及以食肉六師不聽食五種鹽五種牛
味及以脂肉若斷是者云何當是佛之正典
諸佛菩薩說有三乘而是經中純說一乘謂
大涅槃如此之言云何當是佛之正典諸佛
畢竟入於涅槃是經言佛常樂我淨不入涅
槃是經不在十二部數即是魔說非是佛說
善男子如是之人雖我弟子不能信順是涅

見佛性入於涅槃尒時光明遍照高貴德王
菩薩白佛言世尊善哉善哉如来今日善能
開示大涅槃經世尊我曰是事即得悟解大
涅槃經一句半句以解一句至半句故見少
佛性如佛所說我亦當得入大涅槃是名菩
薩循大涅槃微妙經典具足成就第十功德

大般涅槃經卷第廿六

大般涅槃經卷苐廿六

BD01067　大般涅槃經卷二六

BD01068

大佛頂如來密因修證了義諸菩薩萬行首楞嚴經卷九

（唐）般剌蜜帝 譯

661.8cm × 25.4cm

此三勝流具大隨順身心安隱得无量樂雖非
正得真三摩地安隱心中歡喜畢具名為三禪
阿難復次天人不逼身心苦因已盡樂非常住
久必壞生苦樂二心俱時頓捨麁重相滅淨
福性生如是一類名福生天捨心圓融勝解
遮中得妙隨順窮未來際如是一類
阿難從是天中有二歧路若於先
福德圓明脩證而住如是一類
先心雙猒苦樂精研捨心相
捨道身心俱滅心慮灰凝經五百
生滅為因不能發明不生滅性初
滅後半劫生如是一類名无想天阿難此
勝流一切世間諸苦樂境所不能動雖非无
為真不動地有所得心功用純熟名為四禪

俱時滅盡苦樂雙亡下无卜居故於捨心
分中安立居處阿難苦樂兩滅鬪心不交如是
一類名无煩天機括獨行研交无地如是一類
名无熱天十方世界妙見圓澄更无塵像一切
沉垢如是一類名善見天精見現前陶鑄无礙
如是一類名善現天究竟群幾窮色性性入无
邊際如是一類名色究竟天阿難此不還天彼
諸四禪四位天王獨有欽聞不能知見如今世
間曠野深山聖道場地皆阿羅漢所住持故世
間麁人所不能見阿難是十八天獨行无交未
盡形累自此已還名為色界復次
阿難從是有頂色邊際中其間復有二種歧
路若於捨心發明智惠惠光圓通便出塵界
成阿羅漢入菩薩乘如是一類名為迴心大阿
羅漢若在捨心捨猒成就覺身為礙銷礙入空

BD01068　大佛頂如來密因修證了義諸菩薩萬行首楞嚴經卷九

羅漢若在捨心捨猒成就覺身爲礙銷礙入空
如是一類名爲空處諸礙既銷无礙无滅其中
唯留阿賴耶識全於末那半分微細如是一類
名爲識處空色既亡識心都滅十方寂然迥无
攸往如是一類名无所有處識性不動以滅窮
研於无盡中發宣盡性如存不存若盡非盡如
是一類名爲非想非非想處此等窮空不盡空
理從不還天聖道窮者如是一類名不迴心鈍
阿羅漢若從无想諸外道天窮空不歸迷漏无
聞便入輪轉阿難是諸天上各各天人則是凡
夫業果酬荅荅盡入輪彼之天王即是菩薩遊
三摩提漸次增進迴向聖倫所脩行路阿難是
四空天身心滅盡定性現前无業果色從此逮
終名无色界此皆不了妙覺明心積妄發生妄

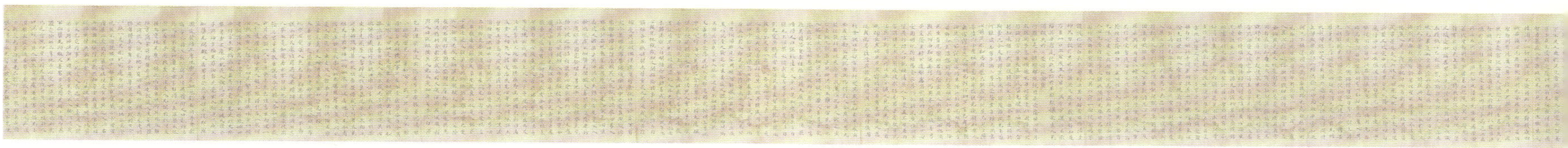

於鬼道以護法力成通入空此阿脩羅從卵而
生鬼趣所攝若於天中降德貶墜其所卜居隣
於日月此阿脩羅從胎而出人趣所攝有脩羅
王執持世界力洞无畏能與梵王及天帝釋四
天爭權此阿脩羅因變化有天趣所攝阿難別
有一分下劣脩羅生大海心沉水穴口旦遊虛
空暮歸水宿此阿脩羅因濕氣有畜生趣攝
阿難如是地獄餓鬼畜生人及神仙天洎脩羅
精研七趣皆是昏沉諸有為相妄想受生妄想
隨業於妙圓明无作本心皆如空花元无所着
但一虛妄更无根緒阿難此等衆生不識本心
受此輪迴經无量劫不得真淨皆由隨順煞盜
婬故反此三種又則出生无煞盜婬有名鬼倫
无名天趣有无相傾起輪迴性若得妙發三摩

BD01068　大佛頂如來密因修證了義諸菩薩萬行首楞嚴經卷九

婬故又此三種又則出生无煞盜婬有名鬼倫
无名天趣有无相傾起輪迴性若得妙發三摩
提者則妙常寂有无二无无二亦滅尚无不煞
不偷不婬云何更隨煞盜婬事阿難不斷三業
各各有私因各各私衆私同分非无定處自妄
發生生妄无因无可尋究汝勗脩行欲得菩提
要除三惑不盡三惑縱得神通皆是世間有為
功用習氣不滅落於魔道雖欲除妄倍加虛僞
如来說為可哀憐者汝妄自造非菩提咎作是
說者名為正說若他說者即魔王說
即時如来將罷法座於師子牀攬七寶机迴紫
金山再来憑倚普告大衆及阿難言汝等有學
緣覺聲聞今日迴心趣大菩提无上妙覺吾今
已說真脩行法汝猶未識脩奢摩他毗婆舍那
微細魔事魔境現前汝不能識洗心非正落於

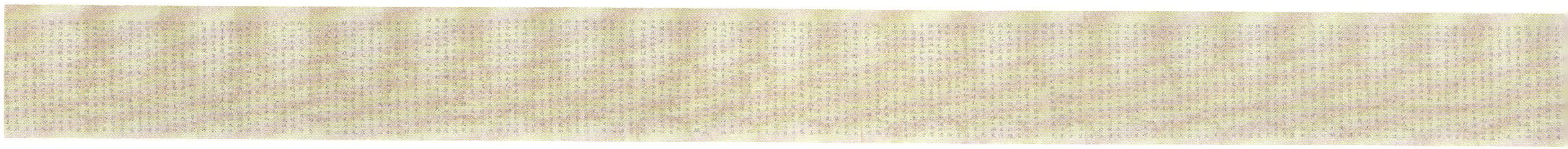

心中不明認賊為子又復於中得少為足如第
四禪无聞比丘妄言證聖天報已畢衰相現前
謗阿羅漢身遭後有墮阿鼻獄汝應諦聽吾今
為汝子細分別阿難起立并其會中同有學者
歡喜頂礼伏聽慈誨
佛告阿難及諸大衆汝等當知有漏世界十二類
生本覺妙明覺圓心體與十方佛无二无別由汝
妄想迷理為咎癡愛發生生發遍迷故有空性
化迷不息有世界生則此十方微塵國土非无
漏者皆是迷頑妄想安立當知虛空生汝心内
猶如片雲點太清裏况諸世界在虛空邪汝等
一人發真歸元此十方空皆悉消殞云何空中
所有國土而不振裂汝輩脩禪餝三摩地十方
菩薩及諸无漏大阿羅漢心精通溜當處湛然

BD01068　大佛頂如來密因修證了義諸菩薩萬行首楞嚴經卷九

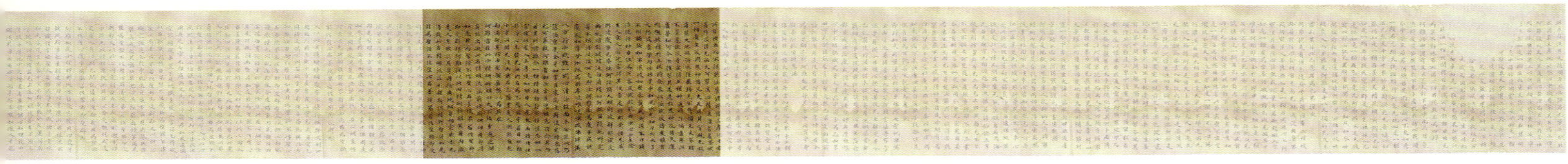

所有國土而不振裂汝輩脩禪飾三摩地十方
菩薩及諸无漏大阿羅漢心精通溜當處湛然
一切魔王及與鬼神諸凡夫天見其宮殿无故
崩裂大地振拆水陸飛騰无不驚慴凡夫昏暗
不覺遷訛彼等咸得五種神通唯除漏盡戀此
塵勞如何令汝摧裂其處是故鬼神及諸天魔
魍魎妖精於三昧時僉來惱汝然彼諸魔雖有
大怒彼塵勞內汝妙覺中如風吹光如刀斷水了
不相觸汝如沸浪彼如堅氷煖氣漸隣不日銷
殞徒恃神力但為其客成就破亂由汝心中五陰
主人主人若迷客得其便當處禪那覺悟无惑
則彼魔事无奈汝何陰銷入明則彼群邪咸受
幽氣明能破暗近自消殞如何敢留擾亂禪定
若不明悟被陰所迷則汝阿難必為魔子成就
魔人如摩登伽殊為少劣彼唯咒汝破佛律儀

隳汝寶覺全身如宰臣家忽逢籍沒宛轉零落
无可哀救阿難當知汝坐道場銷落諸念其念
若盡則諸離念一切精明動靜不移憶忘如一
當住此處入三摩提如明目人處大幽暗精性
妙淨心未發光此則名為色陰區宇若目明朗
十方洞開无復幽黯名色陰盡是人則能超越
劫濁觀其所由堅固妄想以為其本
阿難當在此中精研妙明四大不織少選之間
身能出礙此名精明流溢前境斯但功用暫得
如是非為聖證不作聖心名善境界若作聖解
即受群邪阿難復以此心精研妙明其身內徹
是人忽然於其身內拾出蟯蛔身相宛然亦无
傷毀此名精明流溢形體斯但精行暫得如是
非為聖證不作聖心名善境界若作聖解即受

BD01068　大佛頂如來密因修證了義諸菩薩萬行首楞嚴經卷九

非為聖證不作聖心名善境界若作聖解即
群邪又以此心內外精研其時魂魄意志精神
除執受身餘皆涉入若為賓主忽於空中聞說
法聲或聞十方同敷密義此名精魂遞相離合
成就善種暫得如是非為聖證不作聖心名善
境界若作聖解即受群邪又以此心澄露皎徹
內光發明十方遍作閻浮檀色一切種類化為
如來于時忽見毗盧遮那踞天光臺千佛圍遶
百億國土及與蓮花俱時出現此名心魂靈悟
所染心光研明照諸世界暫得如是非為聖證
不作聖心名善境界若作聖解即受群邪
又以此心精研妙明觀察不停抑按降伏制止
超越於時忽然十方虛空成七寶色或百寶色
同時遍滿不相留礙青黃赤白各各純現此名

澄徹精光不亂忽於夜合在暗室內見種種物
不殊白晝而暗室物亦不除滅此名心細密澄
其見所視洞幽暫得如是非為聖證不作聖心
名善境界若作聖解即受群邪又以此心圓入
虛融四體忽然同於草木火燒刀斫曾无所覺
又則火光不能燒爇縱割其肉猶如削木此名
塵併排四大性一向入純暫得如是非為聖證不
作聖心名善境界若作聖解即受群邪又以此心
成就清淨淨心功極忽見大地十方山河皆成佛
國具足七寶光明遍滿又見恒沙諸佛如來遍滿
空界樓殿華麗下見地獄上觀天宮得无障礙
此名欣猒凝想日深想久化成非為聖證不作
聖心名善境界若作聖解即受群邪又以此心
研究深遠忽於中夜遙見遠方市井街巷親族

研究深遠忽於中夜遥見遠方市井街巷親族
眷屬或聞其語此名迫心逼極飛出故多隔見
非為聖證不作聖心名善境界若作聖解即受
群邪又以此心研究精極見善知識形體變移
少選无端種種遷改此名邪心含受魑魅或遭
天魔入其心腹无端說法通達妙義非為聖證
不作聖心魔事銷歇若作聖解即受群邪
阿難如是十種禪那現境皆是色陰用心交互
故現斯事衆生頑迷不自忖量逢此因緣迷不
自識謂言登聖大妄語成墮无間獄汝等當依
如來滅後於末法中宣示斯義无令天魔得其
方便保持覆護成无上道阿難彼善男子脩三
摩提奢摩他中色陰盡者見諸佛心如明鏡中
顯現其像若有所得而未能用猶如癱人手足

受蔭區宇若魘咎歇其心離身返觀其面去住
自由无復留礙名受蔭盡是人則能超越見濁
觀其所由虛明妄想以為其本阿難彼善男子
當在此中得大光耀其心發明內抑過分忽於
其處發无窮悲如是乃至觀見蚊虻猶如赤子
心生憐愍不覺流淚此名功用抑摧過越悟則
无咎非為聖證覺了不迷久自消歇若作聖解
則有悲魔入其心腑見人則悲啼泣无限失於
正受當從淪墜阿難又彼定中諸善男子見色
蔭消受蔭明白勝相現前感激過分忽於其中
生无限勇其心猛利志齊諸佛謂三僧祇一念
能越此名功用淩率過越悟則无咎非為聖證
覺了不迷久自消歇若作聖解則有狂魔入其
心府見人則誇我慢无比其心乃至上不見佛
下不見人失於正受當從淪墜又彼定中諸善

BD01068　大佛頂如來密因修證了義諸菩薩萬行首楞嚴經卷九

下不見人失於正受當從淪墜又彼定中諸善
男子見色陰銷受陰明白前无新證歸失故居
智力衰微入中隳地迥无所見心中忽然生大
枯渴於一切時沉憶不散將此以爲勤精進相
此名脩心无惠自失悟則无咎非爲聖證若作
聖解則有憶魔入其心府旦夕撮心懸在一處
失於正受當從淪墜又彼定中諸善男子見色
陰銷受陰明白惠力過定失於猛利以諸勝性
懷於心中自心已疑是盧舍那得少爲足此名
用心亡失恒審溺於知見悟則无咎非爲聖證
若作聖解則有下劣易知足魔入其心府見人
自言我得无上第一義諦失於正受當從淪墜
又彼定中諸善男子見色陰銷受陰明白新證
未獲故心已亡歷覽二際自生艱險於心忽生

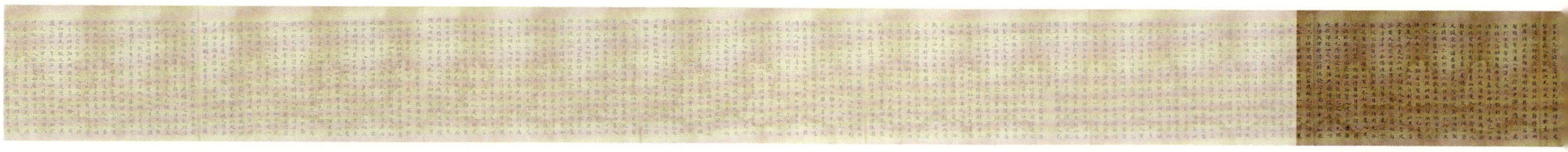

於人令害其命早取解脫此名修行失於方便
悟則无咎非為聖證若作聖解則有一分常憂
愁魔入其心府手執刀劍自割其肉欣其捨壽
或常憂愁走入山林不耐見人失於正受當從
淪墜又彼定中諸善男子見色陰銷受陰明白
處清淨中心安隱後忽然自有无限喜生心中
歡悅不能自止此名輕安无慧自禁悟則无咎
非為聖證若作聖解則有一分好喜樂魔入其
心府見人則笑於衢路傍自歌自舞自謂已得
无礙解脫失於正受當從淪墜又彼定中諸善
男子見色陰銷受陰明白自謂已足忽有无端
大我慢起如是乃至慢與過慢及慢過慢或增
上慢或卑劣慢一時俱發心中尚輕十方如來
何況下位聲聞緣覺此名見勝无慧自救悟則
无咎非為聖證若作聖解則有一分大我慢魔

BD01068　大佛頂如來密因修證了義諸菩薩萬行首楞嚴經卷九

无咎非爲聖證若作聖解則有一分大我慢魔
入其心府不礼塔廟摧毁經像謂檀越言此是
金銅或是土木經是樹葉或是疊花肉身真常
不自恭敬却崇土木實爲顛倒其深信者從其
毁碎埋弃地中起悞衆生入无間獄失於正受
當從淪墜又彼定中諸善男子見色陰銷受陰
明白於精明中圓悟精理得大隨順其心忽生
无量輕安已言成聖得大自在此名因恵獲諸
輕清悟則无咎非爲聖證若作聖解則有一分
好清輕魔入其心府自謂滿足更不求進此等
多作无聞比丘起謗後生墮阿鼻獄失於正受
當從淪墜又彼定中諸善男子見色陰銷受陰
明白於明悟中得虛明性其中忽然歸向永滅
撥无因果一向入空空心現前乃至心生長斷

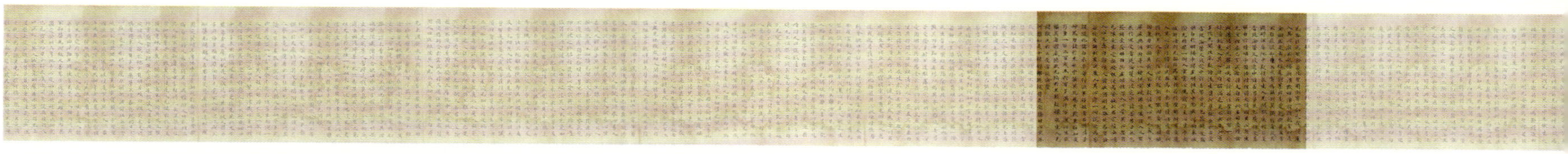

入其心府不[illegible]
持杷其人常於信心擅越飲酒噉肉廣行婬穢
因魔力故攝其前人不生疑謗鬼心久入或食
屎尿與酒肉等一種俱空破佛律儀誤入人罪
失於正受當從淪墜又彼定中諸善男子見色
陰銷受陰明白其虛明性深入心骨其心忽有
无限愛生愛極發狂便爲貪欲此名定境安順
入心无慧自持悮入諸欲悟則无咎非爲聖證
若作聖解則有欲魔入其心府一向說欲爲菩
提道化諸白衣平等行欲其行婬者名持法子
神鬼力故於末世中攝其凡愚其數至百如是
乃至一百二百或五六百多滿千万魔心生厭
離其身體威德既无陷於王難疑悮衆生入无
間獄失於正受當從淪墜
阿難如是十種禪那現境皆是受陰用心交互

阿難如是十種禪那現境皆是受陰用心交互
故現斯事衆生頑迷不自忖量逢此因緣迷不
自識謂言登聖大妄語成墮无間獄汝等亦當
將如来語於我滅後傳示末法遍令衆生開悟
斯義无令天魔得其方便保持覆護成无上道
阿難彼善男子脩三摩提受陰盡者雖未漏盡
心離其形如鳥出籠已能成就從是凡身上歷
菩薩六十聖位得意生身隨往无礙譬如有人
熟寐寱言是人雖則无別所知其言已成音韻
倫次令不寐者咸悟其語此則名爲想陰區宇
若動念盡浮想銷除於覺明心如去塵垢一倫
死生首尾圓照名想陰盡是人則能超煩惱濁
觀其所由融通妄想以爲其本阿難彼善男
子受陰虛妙不遭邪慮圓定發明三摩地中心

便飛精附人口說經法其人[illegible]
言謂得无上涅槃来彼求巧善男子處敷坐說
法其形斯須或作比丘令彼人見或為帝釋或
為婦女或比丘尼或寢暗室身有光明是人愚
迷或為菩薩信其教化搖蕩其心破佛律儀潛
行貪欲口中好言災祥變異或言如来某處出
世或言劫火或說刀兵恐怖於人令其家資无
故耗散此名怪鬼年老成魔惱亂是人猒足生
心去彼人體弟子與師俱陷王難汝當先覺不
入輪迴迷惑不知墮无間獄阿難又善男子受
陰虛妙不遭邪慮圓定發明三摩地中心愛遊蕩
飛其精思貪求經歷尒時天魔候得其便飛
精附人口說經法其人亦不覺知魔著亦言自
得无上涅槃来彼求遊善男子處敷座說法自
形无變其聽法者忽自見身坐寶蓮花全體化

得无上涅槃來彼求遊善男子處敷座説法自
形无變其聽法者忽自見身坐寶蓮花全體化
成紫金光聚一衆聽人各各如是得未曾有是
人愚迷惑爲菩薩婬逸其心破佛律儀潛行貪
欲口中好言諸佛應世其處其人當是其佛化
身來此其人即是其菩薩等來化人間其人見故
心生傾渴邪見密興種智銷滅此名魃鬼年老成
魔惱亂是人猒是心生去彼人體弟子與師俱陷
王難汝當先覺不入輪迴迷惑不知墮无間獄
又善男子受陰虚妙不遭邪慮圓定發明三摩地
中心愛綿湣澄其精思貪求契合尒時天魔候
得其便飛精附人口説經法其人實不覺知魔
着亦言自得无上涅槃來彼求合善男子處敷
座説法其形及彼聽法之人外无遷變令其聽者

誦經各各歡娛得未曾有是人愚迷惑為菩薩
綿愛其心破佛律儀潛行貪欲口中好言佛有
大小某佛先佛某佛後佛其中亦有真佛假佛
男佛女佛菩薩亦然其人見故洗滌本心易入
邪悟此名魅鬼年老成魔惱亂是人厭足心生
去彼人體弟子與師俱陷王難汝當先覺不入
輪迴迷惑不知墮无間獄又善男子受陰虛妙
不遭邪慮圓定發明三摩地中心愛根本窮覽
物化性之終始精爽其心貪求辯析尒時天魔
候得其便飛精附人口說經法其人不先覺知
魔著亦言自得无上涅槃來彼求元善男子處
敷坐說法身有威神摧伏求者令其坐下雖未
聞法自然心伏是諸人等將佛涅槃菩提法身
即是現前我肉身上父父子子遞代相生即是

BD01068　大佛頂如來密因修證了義諸菩薩萬行首楞嚴經卷九

聞法自然心伏是諸人等將佛涅槃菩提法身
即是現前我肉身上父父子子遞代相生即是
法身常住不絶都栺現在即爲佛國无別淨居
及金色相其人信受忘失先心身命歸依得未
曾有是等愚迷或爲菩薩推究其心破佛律儀
潛行貪欲口中好言眼耳鼻舌皆爲淨土男女
二根即是菩提涅槃真處彼无知者信是穢言
此名蠱毒魘勝惡鬼年老成魔惱乱是人猒足
心生去彼人體弟子與師俱陷王難汝當先覺
不入輪迴迷惑不知墮无間獄又善男子受陰
虛妙不遭邪慮圓定發明三摩地中心愛懸應
周流精研貪求冥感尒時天魔候得其便飛精
附人口說經法其人无不覺知魔著亦言自得
无上涅槃來彼求應善男子處敷坐說法能

坐下人心知是先師本善知識別生法愛粘如
膠漆得未曾有是人愚迷惑為菩薩親近其心
破佛律儀潛行貪欲口中好言我於前世於某
生中先度某人當時是我妻妾兄弟今來相度
與汝相隨歸某世界供養某佛或言別有大光
明天佛於中住一切如來所休居地彼无知者
信是虛誑遺失本心此名癘鬼年老成魔惱亂
是人猒足心生去彼人體弟子與師俱陷王難
汝當先覺不入輪迴迷惑不知墮无間獄
又善男子受陰虛妙不遭邪慮圓定發明三摩
地中心愛深入克己辛勤樂處陰寂貪求靜
謐尒時天魔候得其便飛精附人口說經法其
人本不覺知魔著亦言自得无上涅槃來彼求
陰善男子處敷坐說法令其聽人各知本業或

BD01068　大佛頂如來密因修證了義諸菩薩萬行首楞嚴經卷九

陰善男子處敷坐説法令其聽人各知本業或
於其處語一人言汝今未死已作畜生勅使一
人於後踏尾頓令其人起不能得於是一衆傾
心欽伏有人起心已知其肇佛律儀外重加精
苦誹謗比丘罵詈徒衆訐露人事不避譏嫌口
中好言未然禍福及至其時毫髮无失此大力
鬼年老成魔惱乱是人猒足心生去彼人體弟
子與師多陷王難汝當先覺不入輪迴迷惑不
知墮无間獄又善男子受陰虚妙不遭邪慮
圓定發明三摩地中心愛知見勤苦研尋貪求
宿命尒時天魔候得其便飛精附人口説經法
其人殊不覺知魔着亦言自得无上涅槃来彼
求知善男子處敷坐説法是人无端於説法處
得大寶珠其魔或時化爲畜生口銜其珠及雜
[illegible]

聽者得未曾有多食藥草不飡嘉膳或時日飡
一麻一麦其形肥充魔力持故誹謗比丘罵詈
徒衆不避譏嫌口中好言他方寶藏十方賢聖
潛匿之處隨其後者往往見有竒異之人此名
山林土地城隍川嶽鬼神年老成魔或有宣婬
破佛戒律與承事者潛行五欲或有精進純食
草木无定行事惱乱彼人厭足心生去彼人體
弟子與師俱陷王難汝當先覺不入輪迴迷惑
不知墮无間獄又善男子受陰虛妙不遭邪慮
圓定發明三摩地中心愛神通種種變化研究
化元貪取神力尒時天魔候得其便飛精附人
口說經法其人誠不覺知魔着亦言自得无上
涅槃來彼求通善男子處敷坐說法是人或復
手執火光手撮其光分於所聽四衆頭上是諸

手執火光手擗其光分於所聽四衆頭上是諸
聽人頂上火光皆長數尺亦无熱性曾不焚燒
或上水行如履平地或於空中安坐不動或入
缾内或處囊中越牖透垣曾无鄣礙唯於刀兵
不得自在自言是佛身著白衣受比丘礼誹謗
禪律罵詈徒衆訐露人事不避譏嫌口中常說
神通自在或復令人旁見佛土鬼力惑人非有
真實讚歎行婬不毀麤行將諸猥媟以為傳法
此名天地大力山精海精風精河精土精一
切草樹積劫精魅或復龍魅或壽終仙再活
為魅或仙期終計年應死其形不化他怪所附
年老成魔惱乱是人猒足心生去彼人體弟子
與師俱陷王難汝當先覺不入輪迴迷惑不知
墮无間獄又善男子受蔭虛妙不遭邪慮圓定

介時天魔候得其便飛精附人口說經
終不覺知魔著亦言自得无上涅槃来彼求空
善男子處敷坐說法於大衆内其形忽空衆无
所見還從虚空突然而出存沒自在或現其身
洞如瑠璃或垂手足作旃檀氣或大小便如厚
石蜜誹毀戒律輕賤出家口中常說无因无果
一死永滅无復後身及諸凡聖雖得空寂潛行
貪欲受其欲者亦得空心撥无因果此名日月
薄蝕精氣金玉芝草麟鳳龜鶴經千万年不
死為靈出生國土年老成魔惱乱是人猒足
心生去彼人體弟子與師俱陷王難汝當先覺
不入輪迴迷惑不知墮无間獄又善男子受陰
虚妙不遭邪慮圓定發明三摩地中心愛長壽
辛苦研幾貪求永歲弃分段生頓希變易細
相常住介時天魔候得其便飛精附人口說經

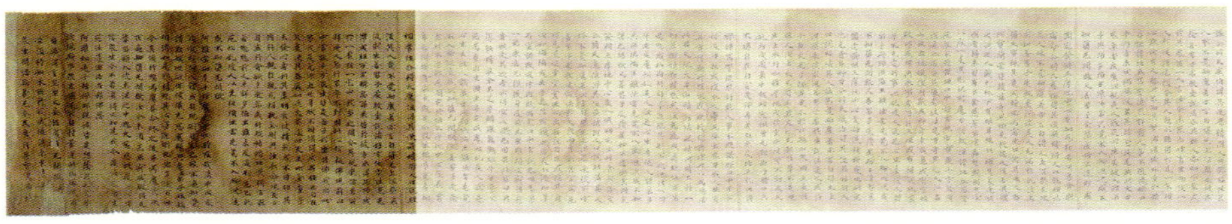

相常住尒時天魔候得其便飛精附人口説經
法其人竟不覺知魔著亦言自得无上涅槃來
彼求生善男子處敷坐説法好言他方往還无
滯或經万里瞬息再來皆於彼方取得其物或
於一處在一宅中數步之間令其從東詣至西
壁是人急行累年不到因此心信起佛現前口
中常説十方衆生皆是吾子我生諸佛我出世
界我是元佛出世身然不因脩得此名住世自在
天魔使其眷屬如遮文荼及四天王毗舍童子
未發心者利其虛明食彼精氣或不因師其
脩行人親自觀見稱執金剛與汝長命現美女
身盛行貪欲未逾年歲肝腦枯竭口兼獨言聽
若魑魅前人未詳多陷王難未及遇刑先已乾
死惱乱彼人以至殂殞汝當先覺不入輪迴迷

阿難當知是十種魔於末世時在我法中出家
脩道或附人體或自現形皆言已成正遍知覺
讚歎婬欲破佛律儀先惡魔師與魔弟子婬婬
相傳如是邪精魅其心府近則九生多逾百世
令真脩行揔為魔眷命終之後畢為魔民失
正遍知墮无間獄汝今未須先取寂滅縱得无
學留願入彼末法之中起大慈悲救度正心深
信眾生令不著魔得正知見我今度汝已出生
死汝遵佛語名報佛恩
阿難如是十種禪那現境皆是想蔭用心交互
故現斯事眾生頑迷不自忖量逢此因緣迷不
自識謂言登聖大妄語成墮无間獄
必須將如來語於我滅後傳示末法遍令
眾生開悟斯義无令天魔行其方便保持

BD01069　佛名經（二十卷本）卷一〇

765.8cm × 27.8cm

一切波羅

南无成就一切願光明佛

南无光明羅網勝佛

南无无邊中智海藏佛

南无一切通首王佛

南无[illegible]佛

佛

[illegible]佛

[illegible]摩勝佛

[illegible]自在幢佛

能稱无量功德佛

[illegible]无一切力莊嚴慧佛 六千二百

南无一切行光明勝佛

南无寶炎面門幢佛

南无廣得一切法齊佛

南无寶山幢佛

南无清淨一切義功德幢佛

南无一切通首王佛

南无[illegible]

南无[illegible]佛
南无[illegible]王佛
南无菩提分俱蘇摩作王佛
南无得世間功德大海佛
南无寶師子力佛
南无普智海王佛
南无波頭摩善化幢佛
南无无盡光普門聲佛
南无普功德雲勝威德佛
南无勝慧海佛
南无智月華雲佛
南无香光威德佛
南无普門見无邊清淨佛
南无不可降伏法自在慧佛
南无波頭摩光明敷生佛
南无大精進善智慧佛
南无堅王幢佛
南无不可降伏妙威德佛
南无精進德佛
南无一切德勝心王佛
南无善成无邊功德王佛
南无斷諸疑廣善眼佛
南无妙功德勝慧佛
南无過諸光明勝光明佛
南无須弥山然燈佛
南无无盡化善雲佛
南无无量光明化王佛
南无日智梵行佛

南无須彌山燈炬佛
南无无量光明化王佛
南无師子眼炎雲佛
南无覺佛智勝佛
南无金色華佛
南无无垢速雲聞佛
南无照勝威德王佛
南无无㝵莊嚴佛
南无轉燈輪幢佛
南无一切佛寶勝王佛
南无著智幢佛
南无月智佛
南无常教普光明香功德海佛
南无長臂佛

南无无盡化善雲佛
南无日智梵行佛
南无天海天炎門佛
南无无量味大聖佛
南无滿法界盧舍那佛
南无大功德華數无垢佛
南无不住眼无垢佛
南无法智差別佛
南无法界輪佛
南无无邊光明智輪幢佛
南无師子佛
南无照佛
南无无邊光明法界莊嚴王佛
南无□高□佛

吼虛空盧舍那佛
南无清淨華池庄嚴世界普門見妙光明佛
南无无邊功德住持世界无邊功德普光佛
南无弥留勝然燈世界普光明虛空鏡像佛
南无一切妙聲善愛聞世界喜樂見華大佛
南无妙聲庄嚴世界寶須弥山燈佛
南无香藏（一切寶色）金剛庄嚴光明照世界善化法界聲燈佛
南无香藏金剛庄嚴世界金光明電聲吼佛
南无实聲世界不可降伏力月佛
南无寶波頭摩聞錯庄嚴无垢世聞法城吼聲佛
南无能與樂世界十方世界廣名智燈佛
南无手无垢善无垢羅網世界師子明滿足功德大海佛
南无无量庄嚴聞錯世界高智種種華光明佛
南无妙華燈照世界大音華聚光明佛

南无无量庄嚴間錯世界高智種種華光明佛
南无妙華幢照世界大普華敷光明佛
南无无邊庄嚴世界普滿法界幢眼佛
南无寶盡普光庄嚴世界妙慧上首佛
南无鬚王世界作月光明幢佛
南无无垢藏庄嚴世界善覺梵威德佛
南无寶光明身世界一切種力虛空然燈佛
南无寶道瓔珞成就世界一切諸波羅蜜相大海威德佛
南无輪塵普蓋世界斷一切着喜作佛
南无寶鬚妙幢世界大稱廣功德吼照佛
南无不可思議庄嚴普庄嚴光明世界无別光明功德海佛
南无无盡光明釋幢世界无邊法界无垢光明佛
南无放寶炎華世界清淨寶鏡像佛

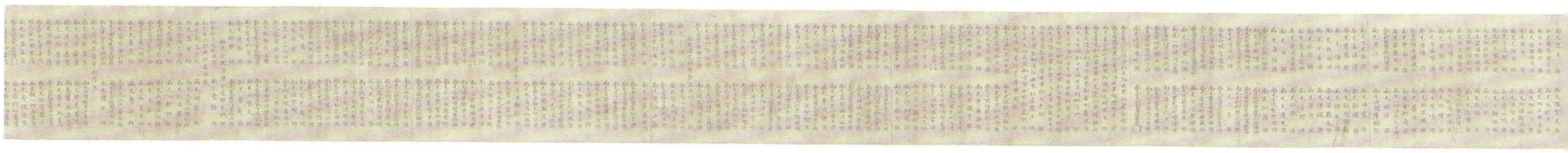

南无寶輪平等光莊嚴世界普寶光明佛
南无稱穜樹華幢世界清淨一切念无疑光明佛
南无佛國土色輪善脩莊嚴世界廣喜見光明智慧佛
南无微細光明莊嚴照世界法界奮善觀佛
南无无邊色形相世界无鄣㝵智成就佛
南无普炎雲大然世界不退轉法輪吼佛
南无種種寶莊嚴清淨輪世界清淨相華威德佛
南无究竟善脩世界无鄣㝵日眼佛　六千三百
南无善作堅固金剛坐成就勝世界過法界智身光明佛
南无十方莊嚴光无鄣㝵世界寶廣炬佛
南无善別色光明世界普光明華雲王佛
南无寶門種種幢世界普見妙功德光明佛
南无摩尼頂作華光明世界普十方聲雲佛
南无自在摩尼金剛藏世界智勝須弥王佛

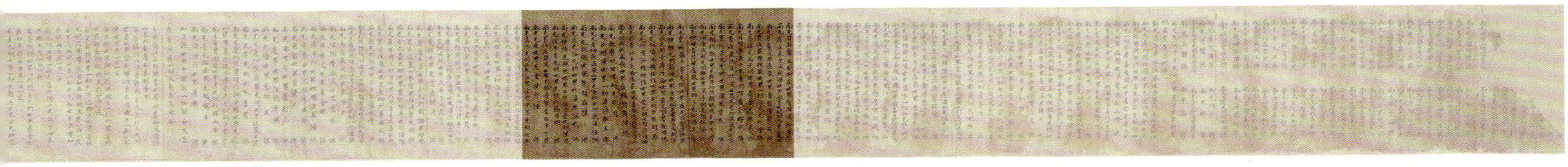

南无自在摩尼金剛藏世界智勝須弥王佛
南无摩尼衣坐成就勝世界放香光明功德寶莊嚴佛
南无華憂波羅莊嚴世界普智幢聲王佛
南无寶莊嚴種種藏世界一切法无无然燈佛
南无香勝无垢光明世界普喜速勝王佛
南无日幢樂藏世界普門智盧舍那吼佛
南无香莊嚴快藏快藏世界无量功德海光明佛
南无寶師子火光明世界法界雷光佛
南无相快照世界无鄣㝵功德稱解脫光明王佛
南无功德成就光明照世界清淨明无垢然燈佛
南无種種香花勝莊嚴世界師子光明勝光佛
南无寶莊嚴平等光明世界廣光明智勝幢佛
南无種種光明髻快世界金光明无量力自成就佛
[illegible]佛

南无光明清淨種種作世界光明[illegible]

南无光明清淨種種作世界普光明大自在幢佛

南无句素孫多奕輪莊嚴世界善海庭功德稱自在王佛

南无地成就威德世界廣稱智海幢佛

南无放聲吼世界相光明月佛

南无金剛幢世界一切法海勝王佛

南无无量功德莊嚴世界无量衆生功德法住佛

南无光明照世界梵自在勝佛

南无生无垢光明世界妙法界勝吼佛

南无種種光照然世界不可燋力普光明幢佛

南无照平等光明世界无垢功德日明佛

南无寶作莊嚴藏世界无鄣㝵智普照十方佛

南无无塵世界无量勝行幢佛

南无清淨光明世界法界虛空平等光明照佛

南无清淨光明世界法界虛空平等光明照佛
南无寶藏波浪勝成就世界功德相雲勝威德佛
南无宮殿莊嚴幢世界盧舍那勝頂光明佛
南无願勝藏世界一切法无邊海慧佛
南无善化香勝世界相化普光佛
南无快地色光世界善眷屬盧舍那佛
南无善作數世界法行喜无盡慧佛
南无勝福德威德輪世界无垢清淨普化佛
南无磨色寶波頭摩莊嚴世界清淨眼花勝佛
南无突地成就世界无量力成就慧佛
南无梵照世界虛空廣眼月佛
南无聲塵平等世界金色然孫樓然燈佛
南无寶色莊嚴世界智勝妙法界光明佛
南无[illegible]光月世界寶[illegible]燈[illegible]光月幢佛

南无盧舍那[illegible]世界[illegible]佛
南无寶月作藏世界无盡功德華威德佛
南无鏡光明照世界行力甘露吼聲佛
南无妙栴檀快月庄嚴世界妙智妙慧勝威德佛光明佛
南无无邊功德聚集世界无邊精進光明功德勝佛
南无大庄嚴成就世界燈王佛
南无波頭摩跋提世界普華佛
南无摩梨支世界盧舍那佛
南无清淨行世界那羅延華幢佛
南无有華世界波頭摩威德佛
南无有雲世界雲聲王佛
南无不可行世界薝蔔色佛
南无蓮華世界波頭摩勝佛
南无光幢世界光明王佛

南无光幢世界光明王佛
南无无邊功德莊嚴光明世界莊嚴王佛
南无无量光明世界普賢佛
南无无邊功德寶作示現安樂世界无邊
功德寶集示現安樂金色光明師子奮迅佛
南无普寶間錯世界普光明妙勝山王佛
南无普无垢世界无垢稱王佛
南无清淨行世界普華佛
如是諸世界中諸佛一切歸命及菩
薩摩訶薩一切大衆亦悉歸命
尒時諸比丘白佛言世尊世尊如是諸佛
如來所有壽命長短等不
佛告諸比丘汝等諦聽當爲汝比丘我比

娑婆世界賢劫釋迦牟尼佛國土一劫於安
樂世界為一日一夜
若安樂世界向彌陁佛國土一劫於袈裟幢
世界碎金剛佛國土為一日一夜
若袈裟幢世界一劫於不退輪吼世界善快
光明波頭摩敷身如來佛國土為一日一夜
若不退輪吼世界一劫於无垢世界法幢如
來佛國土為一日一夜
若无垢世界一劫於善然燈世界師子如來
佛國土為一日一夜
若善然燈世界一劫於善光明世界盧舍那
藏如來佛國土為一日一夜
若善光明世界一劫於難過世界法光明波
頭摩敷身如來佛國土為一日一夜

輪

頭摩數身如来佛國土為一日一夜
若難過世界一劫於莊嚴慧世界一劫通光
如来佛國土為一日一夜
若莊嚴慧世界一劫於鏡輪光世界月智如
来佛國土為一日一夜
比丘入如是數滿足過十阿僧祇百千万世
界最後波頭摩勝世界於賢勝如来佛國
土為一日一夜
比丘如是等世界无量无邊長短不等諸
佛如来壽命住世亦復如是
諸比丘汝等應當稱諸佛名作如是言
南无如是等諸佛如来
南无不動智佛　南无向尼羅智佛
[illegible]

南无阿梅那知佛　南无常智佛
南无妙智佛　南无樂自在天佛
南无梵天佛　南无勝智天佛
南无菴摩羅月佛　南无不退月佛
南无不動月佛　南无阿尼羅月佛
南无婆留那月佛　南无阿私月佛
南无勝月佛　南无阿樓那月佛
南无无垢月佛　南无勝智月佛
南无不退眼佛　南无第一眼佛
南无阿尼羅眼佛　南无不動眼佛
南无阿私陁眼佛　南无行眼佛
南无婆留那眼佛　南无勝眼佛
南无微妙清眼佛　南无不退幢佛
南无阿尼羅幢佛　南无阿私陁幢佛　六千

南无阿呈羅幢佛　南无阿私陁幢佛六千四百
南无行幢佛　南无阿樓那幢佛
南无常幢佛　南无妙幢佛
南无自在幢佛　南无梵幢佛
南无勝幢佛　南无彌留勝佛
南无波頭摩勝藏佛　南无普眼佛
南无梵命佛　南无金剛齊佛
南无婆藪天佛　南无一切法決定王佛
南无彌留幢㢱眼勝佛　南无致沙佛
南无弗沙佛　南无波頭摩勝佛
南无火光眼佛　南无法意佛
南无善法佛　南无稱勝佛
南无寶慧佛　南无微妙月佛

南无[illegible]佛　南无[illegible]佛

南无自在佛　南无婆藪天佛

南无不去佛　南无擇勝佛

南无妙行佛　南无导月佛

南无邊上首佛　南无普眼佛

南无厚波婆羅佛　南无妙勝佛

南无日佛　南无无邊光佛

南无法幢佛　南无无邊智然燈佛

南无普功德觀然燈佛　南无功德佛

南无金剛幢佛　南无普智寶炎勝功德幢佛

南无因陁羅幢勝幢佛　南无普智寶炎勝功德鷄都佛

南无无垢輪大悲雲幢佛　南无金剛那羅延幢佛

南无无导勝行佛　南无火炎佛

南无山勝庄嚴佛　南无一切法海上庄嚴勝王佛

南无无㝵勝行佛　南无火炎佛

南无山勝庄嚴佛　南无一切法海上庄嚴速任佛

南无深法海妙光佛　南无寶炎圍遶然燈佛

南无功德海光明輪勝佛　南无盧遮那勝藏佛

南无滿虛空法界居住羅網然燈佛　南无不退然燈佛

南无法界吼佛　南无妙法樹山王威德佛

南无一切法海吼王佛　南无寶光明然燈幢佛

南无須弥功德光威德佛　南无法雲吼王佛

南无智炬然燈王佛　南无法電速幢勝佛

南无法然燈奮迅師子佛　南无智力威德山王佛

南无退法界吼佛　南无雷光明劫善照葉稱幢香光明照佛

南无善決定清淨劫无垢世界初盧舍那佛

南无自在莊嚴劫善清淨世界自在聲王佛

南无善住去如來世界初積光明王佛

南无善見劫莊嚴世界初无邊功德種種佛

南无炎清淨劫清淨世界初金剛奮迅佛

南无不可嫌劫不可嫌世界初毗沙門佛

南无不可嫌劫不可嫌稱世界初寶月佛

南无不可訶劫稱時世界初不可思議光明佛

南无清淨莊嚴劫樂清淨世界初觀世王佛

南无真塵劫光明塵世界初大光明佛

南无梵讚歎劫清淨世界初莊嚴王佛

南无德光明莊嚴劫月憧世界初善明佛

南无旃檀香行平等勝成就佛

南无法海吼光明王佛　南无无垢轉法輪佛

南无寂靜威德王佛　南无虛空劫然燈佛

南无天自在幟佛　南无日羅憧鵄都王佛

南无天自在藏佛　南无日羅幢鷄都王佛
南无信威德佛　南无寶華藏佛
南无妙日身佛　南无不濁身佛
南无一切身智光明月佛　南无閻浮檀威德王佛
南无善觀智鷄都佛　南无无垢智光明王佛
南无金剛那羅延精進佛　南无不可降伏智雲佛
南无普无垢智通佛 六百五百　南无无垢眼勝雲佛
南无師子智佛　南无金剛菩提光佛
南无光燈火鬘佛　南无智日鷄都佛
南无寶波頭摩數身佛　南无得功德佛
南无智光明雲光佛　南无普照月佛
南无无軻蓋吼佛　南无普光明奮迅師子佛

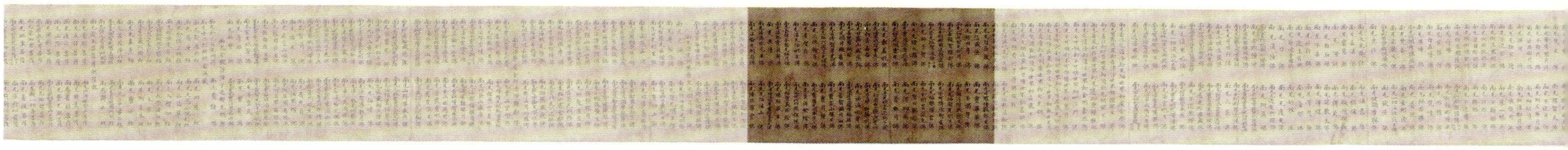

南无□□善□佛
南无甘露山威德佛
南无善堅羅網堅佛
南无光明月微塵佛
南无清淨智華光明佛
南无无垢功德火光明佛
南无三昧輪身佛
南无普智行佛
南无法无垢吼王佛
南无長臂本願无垢月佛
南无法起寶齊聲佛
南无乘幢佛
南无法海吼光王佛
南无法輪光明髻佛

南无音聲□青□佛
南无法海吼聲佛
南无佛虛空鏡像頭髻佛
南无善智滿月面佛
南无寶炎山勝王佛
南无寶月幢佛
南无寶勝光明威德王佛
南无炎海然燈佛
南无不可比功德稱憶佛
南无相智義然燈佛
南无勝照藏王佛
南无法海波頭摩廣信无畏天佛
南无无垢法山佛
南无法日勝雲佛

南无法輪光明髻佛
南无法海說聲王佛
南无法華鷄都憧雲佛
南无法行深勝月佛
南无藏普智作照佛
南无普門賢照佛
南无法寶華勝雲佛
南无法光明慈樂說光明月憧佛
南无炎海佛
南无普輪頂佛
南无福德光華燈佛
南无日光明王佛
南无莊嚴山佛

南无法日勝雲佛
南无法日智輪然燈佛
南无法炎山鷄都王佛
南无法智普鏡佛
南无山王勝藏王佛
南无速一切法精進憧佛
南无宿光明深髻佛
南无智日普光明佛
南无智光明王佛
南无智師子鷄都王佛 幢
南无寶相山佛
南无日步普照佛

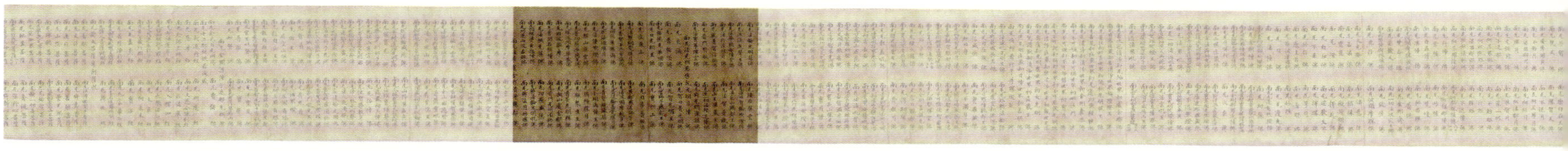

南无法[illegible]月佛
南无毘[illegible]佛
南无普智不二勇猛佛
南无法波頭摩敷身佛
南无功德華勝海佛
南无菩提輪善覺勝月佛
南无然法炬勝月佛
南无普賢鏡像髻佛
南无法幢然燈佛
南无金剛海幢王佛
南无稱山勝雲佛
南无旃檀勝月佛
南无普功德華德光佛
南无照衆生王佛
南无勝波頭摩華藏佛
南无香炎光明勝佛
南无因波頭摩佛
南无相山盧舍那佛
南无普聞名稱幢佛
南无普門光明須弥佛
南无法城光勝佛
南无功德威德佛
南无相勝法勇猛幢佛
南无轉法輪光明吼佛
南无功德山波若照佛
南无轉法月妙勝佛
南无法華盧舍那清淨鷄都佛

南无[illegible]

南无法華盧舍那清淨鷄都佛

南无寶波頭摩光明藏佛　南无寶山雲燈佛
南无普覺華佛　南无種種光明弥留藏佛
南无光明輪峰王佛　南无福德雲晝佛
南无法烽雲幢佛　南无功德山威德佛
南无法日雲烽王佛　六千六百　南无法雲稱勝月佛
南无法日雲燈王佛　南无法雲稱勝月佛
南无法輪力雲佛　南无香解幢智威德佛
南无法輪清淨勝月佛　南无金山威德賢佛
南无賢首弥留威德佛　南无普慧雲吼佛
南无法力勝山佛　南无香炎勝王佛
南无伽耶迦摩尼山聲佛　南无須藏一切法光明輪佛
南无[illegible]威德佛　南无山峰勝威德佛

南无普精進炬光明雲佛
南无勝寶光佛
南无樂法光明師子佛
南无光明山電雲佛
南无无㝵法虛空光明佛
南无法聲多藏佛
南无世間妙光明聲佛
南无三世相鏡像威德佛
南无法界師子光佛
南无一切三昧海師子佛
南无法界城然燈佛
南无賢首佛
南无胎王佛
南无虛空山照佛

南无三昧寶天[illegible]光明佛
南无法炬寶帳聲佛
南无莊嚴相月幢佛
南无无垢幢佛
南无快智華敷身佛
南无法三昧光明聲佛
南无法火炎海聲佛
南无高法輪光明佛
南无盧舍那勝須彌佛
南无普光慧然燈佛
南无普門吼光王佛
南无普光首佛
南无法界燈佛
南无阿层羅有眼佛

南无虛空山照佛　南无阿屋羅有眼佛
南无龍自在王佛　南无阿屋羅有眼佛
南无龍自在王佛　南无普照勝須弥王佛
南无无导虛空智羅都幢王佛　南无普智光照十方乳佛
南无雲王吼聲佛　南无不空見佛
南无普照佛　南无寶聲佛
南无妙聲佛　南无金色寶作界妙山佛
南无金閻浮幢子遮那光明佛
南无金色百光明佛　南无寶稱佛
南无十二部經般若海藏
南无新道行經　南无明度經
南无悲華經　南无大悲分陁利經
南无念佛三昧經　南无正法華經
南无妙法蓮華經　南无八[illegible]經

南无[illegible]伽陀跋陀羅經　南无大般泥洹經
南无大薩遮尼乾子經　南无大哀經
南无虛空藏所問經　南无阿差末經
南无无盡意經　南无寶女經
南无菩薩淨行經　南无无言童子經
南无大樹緊那羅王所問經　南无屯真陀羅所問經
南无持人菩薩所問經　南无持世經
南无諸大菩薩摩訶薩衆
南无善眼菩薩　南无住持世間手菩薩
南无大將菩薩　南无寂意菩薩
南无速行菩薩　南无善辟菩薩
南无山降菩薩　南无曇无竭菩薩
南无勝頗菩薩　南无莊嚴相星宿山王菩薩
南无[illegible]菩薩　南无无垢智菩薩

南无勝頂菩薩　南无莊嚴相星宿山王菩薩
南无樂說无滯菩薩　南无无垢智菩薩
南无娑伽羅菩薩　南无斷一切憂菩薩
南无地藏菩薩　南无普現菩薩
南无發行成就菩薩 六千七百　南无深行心菩薩
南无清淨三輪菩薩　南无寂靜心菩薩
南无聲聞緣覺一切辟支佛
南无心上辟支佛　南无无上辟支佛
南无吉沙辟支佛　南无憂波吉沙辟支佛
南无斷有辟支佛　南无聲聞緣覺一切賢聖
南无過現未來三世諸佛歸命懺悔
如上所說已懺悔於三寶閒輕重諸罪其餘
諸惡今當次第更復懺悔經中佛說有二
種健兒一者自不作罪二者作已能悔

有二種白法能救眾生除障[illegible]一者慚二
者愧慙者自不作惡愧者不令他作有慚愧者
可名為人若无慚愧與諸禽獸不相異也弟
子今日慚愧歸依十方諸佛

南无東方一寶莊嚴佛　南无南方旃檀德佛
南无西方梵音王佛　南无北方寶智手佛
南无東南方師子相佛　南无西南方寶照空王佛
南无西北方歡喜進佛　南无東北方摩尼清淨佛
南无上方大名稱佛　南无下方寶香勝王佛

如是十方盡虛空界一切三寶

弟子等无始以來至于今日或信耶倒見穿
煞眾生解奏魑魅魍魎鬼神欲希延年終不
能得或忘言見鬼假稱神語如是等罪今日
慚愧皆悉懺悔

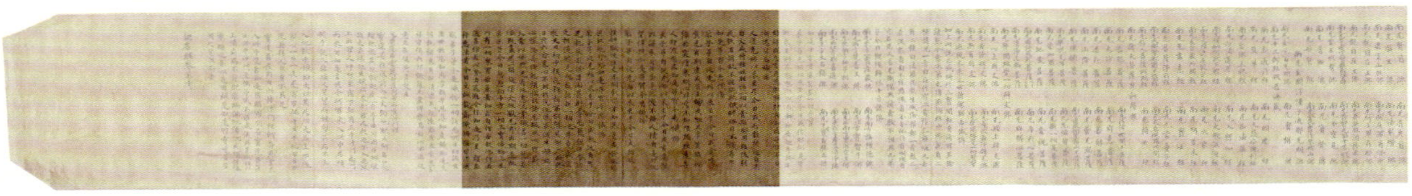

能得或忘言見鬼假稱神語如是等罪今日
慚愧皆悉懺悔
又復无始以来至于今日或行動撟誕自高
自大或恃種姓輕慢一切以貴欺賤用强陵弱
或飲酒鬪乱不避親踈惛醉終日不識尊卑
如是等罪今悉懺悔
弟子等自從无始以来至于今日或貪嗜飲
食无有期度或食生鱠或噉五辛薫穢經
像排突清衆縱心肆意不知限極踈遠善
人狎近惡友如是等罪今悉懺悔
弟子等自從无始以来至于今日或貢高矯
假偃蹇自用專愚坻突不識人情自是非他
望倖僥如是等罪今悉懺悔
弟子等自從无始以来至于今日或搖收

撲如馬使僕更不問飢渴不知寒暑或□倩□
梁杜絶行路如是等罪今悉懺悔
弟子等從无始以來至于今日或放逸自恣
无記散亂爐蒲圍碁群會毛聚飲酒食肉
更相僥賊无趣談話說一切從年竟歲空
喪天日初中後夜禪誦不脩懈怠懶尸卧終
日於六念處心不經理見他勝事便生嫉妬
心懷憍毒備起煩惱致諸惡猛風吹罪薪
火常以熾然无有休息三業微善一切焚善
法既盡爲一闡提墮大地獄无有出期是故
弟子等今日懇懃向十方一切三寶懺悔上來
所有一切衆罪若麁若細若自作若教他作若
隨喜作若以勢力逼迫令作如是乃至讚歎
行惡法者今日至誠發露懺悔願皆消滅

行悪法者今日至誠發露懺悔願皆消滅
願弟子等承是懺悔一切諸悪所生功德生
生世世慈和忠孝謙卑忍辱知慚識恥先意
問訊脩良貞謹清潔義讓遠離悪友常遇善
縁守攝六根傲讓三業捍勞忍苦心不退沒
建立菩提荷負衆生

大乘蓮華寶達菩薩問荅報應沙門経

寶達菩薩復前入一火鉾地獄云何名曰火
鉾地獄其地獄縱廣一百五十由旬周帀鐵壁
猛火焱熾地生鐵鉾來刾罪人從足下入足趺
上出罪人呻呼苦痛万端有五千沙門南門
而來唱如是言我今何罪來入此中馬頭
刾手捉三鈷鐵叉望背而鍾胷前而出來

入地獄中鑊鑊來鑊其是烟火焱上下徹
骨心一日一夜受罪万端千生千死万生万
死若得人身身不具足
寶達菩薩問曰此諸沙門作何等惡業來
入此中受苦如是馬頭羅剎答寶達菩薩
曰此中沙門受佛淨戒不護威儀脚著靴鞋以
上清廁而不肯脫前蹋佛地僧地或蹋佛像
靈塔之影以是因緣受如是罪寶達菩薩
聞之悲泣而去

佛名經卷第十

佛名經卷第十

（17–17）

BD01070 大般若波羅蜜多經卷五五九

（唐）玄奘 譯

BD01070v 勘記

47.1cm × 24.8cm

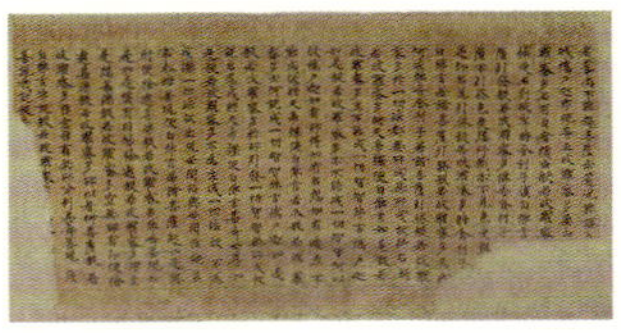

者導尚不能趣菩薩正道況能證入
城憍尸迦布施等五波羅蜜多要由
羅蜜多名有目者後由般若波羅蜜
攝受名到彼岸時舍利子復白佛言
薩引發般若波羅蜜多佛告舍利子
薩不引發色受想行識亦不見色受想
是即名為引發般若波羅蜜多時舍利子
白佛言若諸菩薩引發般若波羅蜜多為以
何法佛告舍利子若諸菩薩引發般若波羅
蜜多於一切法都無所成無所成故得名般
若波羅蜜多時天帝釋便白佛言如是般若
波羅蜜多豈不能成一切智智佛言憍尸迦
如是般若波羅蜜多亦不能成一切智智何以
[illegible]

能成故時天帝釋復白佛言世尊若般若波羅
蜜多云何說成一切智智佛言憍尸迦如是
般若波羅蜜多於所引發一切智智無所成故
說名為成時天帝釋便白佛言甚奇世尊如
是般若波羅蜜多不為生滅一切法故不為
成壞一切法故出現世間而與世間作饒益
事爾時善現便白佛言若諸菩薩起如是想
則便捨遠甚深般若波羅蜜多佛告善現如
是如是復有因緣捨遠般若波羅蜜多謂生
是想甚深般若波羅蜜多空無所有而便捨
遠甚深般若波羅蜜多所以者何菩薩般若
波羅蜜多非空非有無所分別具壽善現復
白佛言佛說般若波羅蜜多
善現我說般若

五百五十九

BD01070v　勘記

BD01071 大般若波羅蜜多經卷二四一

（唐）玄奘 譯

BD01071v 白畫習作

45.5cm × 27.2cm

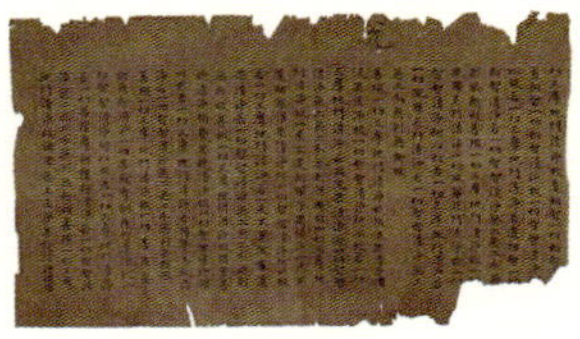

切三摩地門清淨故道相智一切相智清
道相智一切相智清淨故一切智智清淨何
以故若一切三摩地門清淨若道相智一切
相智清淨若一切智智清淨無二無二分無
別無斷故善現一切三摩地門清淨故一切
陁羅尼門清淨一切陁羅尼門清淨故一切
智智清淨何以故若一切三摩地門清淨若
一切陁羅尼門清淨若一切智智清淨無二
無二分無別無斷故
善現一切三摩地門清淨故預流果清淨預
流果清淨故一切智智清淨何以故若一切
三摩地門清淨若預流果清淨若一切智智
清淨無二無二分無別無斷故一切三摩地

還阿羅漢果清淨故一切智智清淨何以故
若一切三摩地門清淨若一來不還阿羅漢
果清淨若一切智智清淨無二無二分無別
無斷故善現一切三摩地門清淨故獨覺菩
提清淨獨覺菩提清淨故一切智智清淨何
以故若一切三摩地門清淨若獨覺菩提清
淨若一切智智清淨無二無二分無別無斷故
善現一切三摩地門清淨故一切菩薩摩
訶薩行清淨一切菩薩摩訶薩行清淨故一
切智智清淨何以故若一切三摩地門清淨
若一切菩薩摩訶薩行清淨若一切智智清
淨無二無二分無別無斷故善現一切三摩
地門清淨故諸佛無上正等菩提清淨諸佛

BD01071v　白畫習作

BD01072-1　無量壽宗要經（甲本）

BD01072-2　無量壽宗要經（甲本）

385cm × 30.5cm

壽經

我聞一時薄伽梵在舍衛國祇樹給孤獨園與大苾芻僧千二百五十人大菩薩摩訶薩

俱爾時世尊告曼殊室利童子曼殊上方有世界名无量功德智聚彼土有佛号

決定王如來阿耨多羅三藐三菩提現為衆生開示說法曼殊諦聽今閻浮提人皆短壽

大限百年於中多有枉横死者衆曼殊如是无量壽如來功德名稱法要若有衆生得聞名号

若自書或使人書能為經卷受持讀誦若於舍宅所住之處以種種花鬘瓔珞塗香末香而

為供養如其命盡復得延年滿足百歲如是曼殊若有衆生得聞是无量壽智決定王如來

一百八名号者益其長壽若有衆生大命將盡憶念是如來名号更得增壽如是曼殊若有

善男子善女人欲求長壽於是无量壽如來一百八名号有得聞者或自書若使人書受持

讀誦如是等果報福德具足陁羅尼曰

南无薄伽勃底 一 阿波唎蜜多 二 阿喻紇硯那 三 須弥你悉指陁 四 囉佐耶 五 怛他羯他耶 六 怛

姪他唵 七 薩婆桑悉迦囉 八 波唎輸底 九 達磨底 十 伽伽那 十一 娑訶其持迦底 十二 薩婆婆毗輸底 十三

摩訶娜耶 十四 波唎婆唎莎訶　世尊復告曼殊室利如是如來一百八名号若有自書或使人書為經

卷者受持讀誦如受命盡復得滿百年壽終此身後得往生无量福智世界无量壽淨土陁羅尼曰

南无薄伽勃底 一 阿波唎蜜多 二 阿喻紇硯那 三 須弥你悉指陁 四 囉佐耶 五 怛他羯他耶 六 怛姪他唵 七 薩婆桑悉迦囉 八

[illegible]

波利輸底九 達摩底十 伽伽那十一 薩訶其持伽底十二 薩婆婆毗輸底十三 摩訶那耶十四 波利婆利莎訶十五

尒時有九十九姟佛一時同聲說是无量壽宗要經陁羅尼曰 南謨薄伽勃底一 阿波利蜜哆二 阿喻紇

硯那三 須弥你悉指哆四 囉佐耶五 怛他羯他耶六 怛侄他唵七 薩婆桑悉伽囉八 波利輸底九 達摩底十 伽伽那十一

莎訶其持伽底十二 薩婆婆毗輸底十三 摩訶那耶十四 波利婆唎莎訶十五 尒時復有一百四姟佛一時同聲說是

无量壽宗要經經陁羅尼曰 南謨薄伽勃底一 阿波利蜜哆二 阿喻紇硯那三 須弥你悉指陁四 囉佐耶五 怛他羯他耶六

怛侄他唵七 薩婆桑悉伽囉八 波利輸底九 達摩底十 伽伽那十一 莎訶其持伽底十二 薩婆婆毗輸底十三 摩訶那耶十四

波利婆利莎訶十五 尒時復有七姟佛一時同聲說是无量壽宗要經陁羅尼曰 南謨薄伽勃底一

阿波利蜜哆二 阿喻紇硯那三 須弥你悉指哆四 囉佐耶五 怛他羯他耶六 怛侄他唵七 薩婆桑悉伽囉八 波利輸底九

達摩底十 伽伽那十一 莎訶其持伽底十二 薩婆婆毗輸底十三 摩訶那耶十四 波利婆利莎訶十五

尒時復有六十六姟佛一時同聲說是无量壽宗要經陁羅尼曰 南謨薄伽勃底一 阿波利蜜哆二 阿喻紇硯那三

須弥你悉指多四 囉佐耶五 怛他羯他耶六 怛侄他唵七 薩婆桑悉伽囉八 波利輸底九 達摩底十 伽伽那十一 莎訶

其持伽底十二 薩婆婆毗輸底十三 摩訶那耶十四 波利婆利莎訶 尒時復有五十五姟佛一時同聲說是无量壽宗

要經陁羅尼曰 南謨薄伽勃底一 阿波利蜜哆二 阿喻紇硯那三 須弥你悉指哆四 囉佐耶五 怛他羯他耶六 怛侄他唵七 薩

婆桑悉伽囉八 波利輸底九 達摩底十 伽伽那十一 莎訶其持伽底十二 莎婆婆毗輸底十三 摩訶那耶十四 波利婆利莎訶十五

尒時復有四十五姟佛一時同聲說无量壽宗要經陁羅尼曰 南謨薄伽勃底一 阿波利蜜哆二 阿喻紇硯那三

須弥你悉指陁四 囉佐耶五 怛他羯他耶六 怛侄他唵七 薩婆桑悉伽囉八 波利輸底九 達摩底十 伽伽那十一 莎訶其

須弥你悉指陀四 囉佐耶五 怛他羯他耶六 怛姪他唵七 薩婆桑悉伽囉八 波利輸底九 達磨底十 伽伽那十一 莎訶其
持伽底十二 薩婆婆毗輸底十三 摩訶那耶十四 波利婆咊莎訶十五 爾時復有三十六姟佛一時同聲說是無量壽宗
要經陁羅尼曰 南無薄伽勃底一 阿波利蜜哆二 阿喻紇硯那三 須弥你悉指多四 囉佐耶五 怛他羯他耶六 怛姪他唵七 薩婆
桑悉伽囉八 波利輸底九 達磨底十 伽伽那十一 莎訶其持伽底十二 薩婆婆毗輸底十三 摩訶那耶十四 波利婆咊莎訶十五
爾時復有二十五姟佛一時同聲說是無量壽宗要經陁羅尼曰 南謨薄伽薄底一 阿波利蜜多二 阿喻紇硯那三
須弥你悉指陀四 囉佐耶五 怛他羯他耶六 怛姪他唵七 薩婆婆毗輸底八 波利輸底九 達磨底十 伽伽那十一 莎訶其
持伽底十二 薩婆婆毗輸底十三 摩訶那耶十四 波利婆利莎訶十五 爾時復有恒河沙姟佛一時同聲說是無
量壽宗要經陁羅尼曰 南無薄伽勃底一 阿波利蜜多二 阿喻悉硯那三 須弥你悉指陀四 囉佐耶五 怛他羯他耶六
薩婆桑悉伽囉八 波利輸底九 達磨底十 伽伽那十一 莎訶其持伽底十二 薩婆婆毗輸底十三 摩訶那耶十四 波利
婆利莎訶十五 善男子若有自書寫教人書寫是無量壽宗要經如其命盡復得長壽滿年陁羅尼曰
南無薄伽勃底一 阿波利蜜多二 阿喻紇硯那三 須弥你悉指陀四 囉佐耶五 怛他羯他耶六 怛姪姪他唵七 薩婆
桑悉伽囉八 波利輸底九 達磨底十 伽伽那十一 莎訶其持伽底十二 薩婆婆毗輸底十三 摩訶那耶十四 波利婆利莎訶十五
若有自書寫教人書寫是無量壽宗要經讀誦受持畢竟不墮地獄在在所生得宿命智陁羅尼曰
南無薄伽勃底一 阿波利蜜多二 阿喻悉硯那三 須弥你悉指陀四 囉佐耶五 怛他羯他耶六 怛姪他唵七 薩婆桑悉
伽囉八 波利輸底九 達磨底十 伽伽那十一 薩訶其持伽底十二 薩婆婆毗輸底十三 摩訶那耶十四 波利婆利莎訶十五
若有自書寫教人書寫是無量壽宗要經受持讀誦如同書寫八万四千一切經典陁羅尼曰
南無薄伽勃底一 阿波利蜜多二 阿喻悉硯那三 須毗你悉指陀四 囉佐耶五 怛他羯他耶六 怛姪他唵七 薩婆桑悉伽囉八

南无薄伽勃底一 阿波利蜜哆二 阿喻紇硯那三 須毗你失指陀四 囉佐耶五 怛他羯他耶六 怛姪他唵七 薩婆桑悉伽囉八
波利輸底九 達摩底十 伽伽那十一 莎訶某持伽底十二 薩婆婆毗輸底十三 摩訶那耶十四 波利婆唎莎訶十五
若有自書寫教人書寫是无量壽宗要經而是書寫八万四千部建立塔廟陁羅尼曰
南无薄伽勃底一 阿波利蜜哆二 阿喻紇硯那三 須弥你悉指陀四 囉佐耶五 怛他羯他耶六 怛姪他唵七 薩婆桑悉
伽囉八 波利輸底九 達摩底十 伽伽那十一 莎訶某持伽底十二 莎婆婆毗輸底十三 摩訶那耶十四 波利婆利莎訶
若有自書寫教人書寫是无量壽宗要經能消五无間等一切重罪陁羅尼曰
南无薄伽勃底一 阿波利蜜哆二 阿喻紇硯那三 須弥你悉指陀四 囉佐耶五 怛他羯他耶六 怛姪他唵七 薩婆桑悉伽囉八
波利輸底九 達摩底十 伽伽那十一 莎訶某持迦底十二 薩婆婆毗輸底十三 摩訶那耶十四 波利婆利莎訶 十五
若有自書寫教人書寫是无量壽宗要經受持讀誦設有重罪積如須弥盡能除滅陁羅尼曰
南无薄伽勃底一 阿波利蜜哆二 阿喻紇硯那三 須弥你悉指陀四 囉佐耶五 怛他羯他耶六 怛姪他唵七 薩婆桑悉伽囉八
波利輸底九 達摩底十 伽伽那十一 莎訶某持迦底十二 薩婆婆毗輸底十三 摩訶那耶十四 波利婆利莎訶 十五
若有自書寫教人書寫是无量壽宗要經受持讀誦若魔魔之眷屬夜叉羅剎不得其便終无枉死陁羅尼曰
南无薄伽勃底一 阿波利蜜哆二 阿喻紇硯那三 須弥你悉指陀四 囉佐耶五 怛他羯他耶六 怛姪他唵七
薩婆桑悉伽囉八 波利輸底九 達摩底十 伽伽那十一 莎訶某持迦底十二 薩婆婆毗輸底十三
摩訶那耶十四 波利婆利莎訶十五
若有自書寫教人書寫是无量壽宗要經受持讀誦當命終時有九十九姟佛現其人

若有自書寫教人書寫是无量壽宗要經受持讀誦當命終時有九十九姟佛現其人
前宗千佛授手能遊一切佛刹莫於此經生於疑惑陁羅尼日
南无薄伽勃底一阿波利蜜哆二阿喻紇硯那三須毗你悉指陁四囉佐耶五怛他羯他耶六
怛姪他唵七薩婆桑悉伽囉八波利輸底九達摩底十伽伽那十一莎訶其持伽底十二
薩婆婆毗輸底十三摩訶那耶十四波利婆利莎訶十五若有自書寫教人書寫是
无量壽宗要經受持讀誦當得四天王隨其衛護陁羅尼日
南无薄伽勃底一阿波利蜜哆二阿喻紇硯那五須毗你悉指陁四囉佐耶五怛他羯他耶六
怛姪他唵七薩婆桑悉伽囉八波利輸底九達摩底十伽伽那十一莎訶其持伽底十二
薩婆婆毗輸底十三摩訶那耶十四波利婆利莎訶十五
若有自書寫教人書寫是无量壽宗要經受持讀誦當得往生西方極樂世界阿彌陁
淨土陁羅尼日南无薄伽勃底一阿波利蜜多二阿喻紇硯那三須毗你悉指陁四
囉佐耶五怛他羯他耶六怛姪他唵七薩婆桑悉伽囉八波利輸底九達摩底十伽
伽那十一莎訶其持伽底十二薩婆婆毗輸底十三摩訶那耶十四波利婆利莎訶
若有方所自書寫使人書寫是无量壽經典之處則爲是塔皆應恭敬作禮若是畜生
或爲鳥獸得聞是經如是等類皆當不久得成一切種智陁羅尼日
南无薄伽勃底一阿波利蜜哆二阿喻紇硯那三須毗你悉指陁四囉佐耶五怛他羯他耶六怛姪他
唵七薩婆桑悉伽囉八波利輸底九達摩底十伽伽那十一[illegible]

唵七 薩婆桑悉伽囉八 波利輸底九 達摩底十 伽伽那十一 莎訶某持伽底十二
薩婆婆毗輸底十三 摩訶那耶十四 波利婆利莎訶十五
若有於是无量壽經自書寫若使人書畢竟不受女人之身陁羅尼曰
南无薄伽勃底一 阿波利蜜多二 阿喻紇硯那三 須弥你悉指陁四 囉佐耶五 怛他羯他耶六 怛姪他唵七
薩婆桑悉伽囉八 波利輸底九 達摩底十 伽伽那十一 莎訶某持伽底十二 薩婆婆毗輸底十三 摩訶
那耶十四 波利婆利莎訶十五 若有能於是經少分能惠施者等於三千大千世界滿中七寶布施
陁羅尼曰 南无薄伽勃底一 阿波利蜜多二 阿喻紇硯那三 須弥你悉指多四 囉佐耶五 怛他羯他耶六
怛姪他唵七 薩婆桑悉伽囉八 波利輸底九 達摩底十 伽伽那十一 莎訶某持伽底十二 薩婆婆毗輸底十三
摩訶那耶十四 波利婆利莎訶 若有能供養是經者則是供養一切諸經等无有異陁羅尼曰
南无薄伽勃底一 阿波利蜜多二 阿喻紇硯那三 須弥你悉指陁四 囉佐耶五 怛他羯他耶六 怛姪他唵七
薩婆桑悉伽囉八 波利輸底九 達摩底十 伽伽那十一 莎訶某持伽底十二 薩婆婆毗輸底十三 摩訶
那耶十四 波利婆利莎訶十五 如是毗婆尸佛 尸弃佛 毗舍浮佛 俱留孫佛 俱那含牟尼佛
迦葉佛 釋迦牟尼佛 若有人以七寶供養如是七佛其福有限書寫受持是无量壽
經典所有功德不可限量陁羅尼曰 南无薄伽勃底一 阿波利蜜多二 阿喻紇硯那三 須弥你
悉指陁四 囉佐耶五 怛他羯他耶六 怛姪他唵七 薩婆桑悉伽囉八 波利輸底九 達摩底十 伽伽那十一
莎訶某持伽底十二 薩婆婆毗輸底十三 摩訶那耶十四 波利婆利莎訶十五

薩訶其持迦底 十二 薩婆婆毗𥡪底 十三 摩訶那耶 十四 波利婆利莎訶 十五
若有七寶等於須彌以用布施其福上能知其限量是无量壽經典其福不可知數陁羅尼曰
南无薄伽勃底 一 阿波利蜜多 二 阿喻紇硯那 三 須弥你悉指陁 四 囉佐耶 五 怛他羯他耶 六 怛姪他唵 七
薩婆桑悉伽囉 八 波利𥡪底 九 達摩底 十 伽伽那 十一 莎訶其持迦底 十二 薩婆婆毗𥡪底 十三 摩
訶那耶 十四 波利婆利莎訶 十五 如是四大海水可知滴數是无量壽經典所生功德果報不
可數量陁羅尼曰 南无薄伽勃底 一 阿波利蜜多 二 阿喻悉硯那 三 須弥你悉指陁 四 囉
佐耶 五 怛他羯他耶 六 怛姪他唵 七 薩婆桑悉伽囉 八 波利𥡪底 九 達摩底 十 伽伽那 十一 莎訶
其持迦底 十二 薩婆婆毗𥡪底 十三 摩訶那耶 十四 波利婆利莎訶 十五
若有自書寫使人書寫是无量壽經典文能護持供養而如恭敬供養一切十方佛土如來无有別異
陁羅尼曰 南无薄伽勃底 一 阿波利蜜多 二 阿喻悉硯那 三 須弥你悉指陁 四 囉佐耶 五 怛他
羯他耶 六 怛姪他唵 七 薩婆桑悉伽囉 八 波利𥡪底 九 達摩底 十 莎訶其持迦底 十二
薩婆婆毗𥡪底 十三 摩訶那耶 十四 波利婆利莎訶 十五
布施力能成正覺 悟布施人力師子 布施力能聲普聞 慈悲隋漸寂能入
持戒力能成正覺 悟持戒力人師子 持戒力能聲普聞 慈悲隋漸寂能入
忍辱力能成正覺 悟忍辱力人師子 忍辱力能聲普聞 慈悲隋漸寂能入
精進力能成正覺 悟精進力人師子 精進力能聲普聞 慈悲隋漸寂能入
[illegible]

禪定力能成正覺　悟禪定力人師子　禪定力能聲普聞　慈悲階漸能入
智慧力能成正覺　悟智慧力人師子　智慧力能聲普聞　慈悲階漸能入
尒時如來說是經已一切世間天人阿脩羅揵闥婆等聞佛所說皆大歡喜信受
奉行

佛說大乘無量壽宗要陀羅尼經一卷

王瀚

佛說大乘無量壽宗要陀羅尼經

如是我聞一時薄伽梵在舍衛國祇樹給孤獨園與大苾芻僧千二百五十人大菩薩摩訶
薩眾俱同會坐尒時世尊告曼殊室利童子曼殊上方有世界名無量功德聚彼土有
佛号無量智決定王如來阿耨多羅三藐三菩提現為眾生開示說法曼殊諦聽南閻浮
提人皆短壽大限百年於中夭枉者眾曼殊如是無量壽如來功德名稱法要若有眾生得
聞名号若自書或使人書能為經卷受持讀誦若於舍宅所住之處以種種花鬘瓔珞
塗香末香而為供養如其命盡復得延年滿足百歲如是曼殊若有眾生得聞是無
量壽決定王如來一百八名号者益其長壽若有眾生大命將盡[illegible]

量壽決定王如來一百八名号者益其長壽若有衆生大命將盡憶念是如來名号竟
得增壽如是曼殊室利若有善男子善女人欲求長壽於是无量壽如來一百八名号有
得聞者或自書若使人書受持讀誦如是等果報福德具足陁羅尼曰
南謨薄伽勃底 一 阿波唎蜜哆 二 阿喻紇硯那 三 須毗你失指陁 四 囉佐耶 五 怛他羯他耶 六
怛姪他唵 七 薩婆桑悉伽囉 八 波唎輸底 九 達摩底 十 伽伽那 十一 莎訶某持伽底 十二 薩婆
婆毗輸底 十三 摩訶那耶 十四 波唎婆唎莎訶 十五
世尊復告曼殊室利如是如來一百八名号若有自書或使人書爲經卷受持讀誦
如是命盡復滿百年壽終此身後得往生无量福智世界无量壽淨土陁羅尼曰
南无薄伽勃底 一 阿波唎蜜哆 二 阿喻紇硯那 三 須毗你失指陁 四 囉佐耶 五 怛他羯他耶 六
怛姪他唵 七 薩婆桑悉伽囉 八 波唎輸底 九 達摩底 十 伽伽那 十一 莎訶某持伽底 十二
薩婆婆毗輸底 十三 摩訶那耶 十四 波唎婆唎莎訶 十五
尒時復有九十九姟佛等一時同聲說是无量壽宗要經陁羅尼曰
南无薄伽勃底 一 阿波唎蜜哆 二 阿喻紇硯那 三 須毗你失指陁 四 囉佐耶 五 怛他羯他耶 六 怛姪
他唵 七 薩婆桑悉伽囉 八 波唎輸底 九 達摩底 十 伽伽那 十一 莎訶某持伽底 十二 薩婆
婆毗輸底 十三 摩訶那耶 十四 波唎婆唎莎訶 十五
尒時復有一百四姟佛一時同聲說是无量壽宗要經陁羅尼曰
薄伽勃底 一 阿波唎蜜哆 二 阿喻紇硯那 三 須毗你失指陁 四 囉佐耶 五 怛他羯他耶 六

南无薄伽勃底一 阿波利蜜多二 阿喻紇硯那三 須毗你悉指多四 囉佐耶五 怛他羯他耶
怛姪他唵七 薩婆桑悉伽囉八 波利輸底九 達摩底十 伽伽那十一 莎訶某持迦底十二 薩婆
婆毗輸底十三 摩訶那耶十四 波唎婆利莎訶十五
尒時復有七姟佛一時同聲說是无量壽宗要經陁羅尼曰
南无薄伽勃底一 阿波利蜜哆二 阿喻紇硯那三 須毗你悉指陁四 囉佐耶五 怛他羯他耶
怛姪他唵七 薩婆桑悉伽囉八 波利輸底九 達摩底十 伽伽那十一 莎訶某持迦底十二
薩婆婆毗輸底十三 摩訶那耶十四 波利婆利莎訶十五
尒時復有六十五姟佛一時同聲說是无量宗要經陁羅尼曰
南无薄伽勃底一 阿波利蜜哆二 阿喻紇硯那三 須弥你悉指他四 囉佐耶五 怛他羯他耶六
尒時復有五十五姟佛一時同聲說是无量壽宗要經陁羅尼曰
南謨薄伽勃底一 阿波利蜜多二 阿喻紇硯那三 須弥你悉指陁四 囉佐耶五 怛他羯他耶
怛姪他唵七 薩婆桑悉伽囉八 波利輸底九 達摩底十 伽伽那十一 莎訶某持迦底十二
薩婆婆毗輸底十三 摩訶那耶十四 波利婆利莎訶十五
尒時復有四十五姟佛一時同聲說是无量壽宗要經陁羅尼曰
南无薄伽勃底一 阿波利蜜哆二 阿喻紇硯那三 須毗你悉指哆四 囉佐耶五 怛他羯他耶六
怛姪他唵七 薩婆桑悉伽囉八 波利輸底九 達摩底十 伽伽那十一 莎訶某持迦底十二

怛姪他唵 七 薩婆桑悉伽囉 八 波利輸底 九 達摩底 十 伽伽那 十一 莎訶其持迦底 十二
娑婆婆毗輸底 十三 摩訶那耶 十四 波利婆唎莎訶
尒時復有三十六姟佛一時同聲說是无量壽宗要经陁羅尼日
南无薄伽勃底 一 阿波利蜜多 二 阿波利蜜多 三 酉殊你悉指陁 四 囉佐耶 五 怛他羯他耶 六
怛姪他唵 七 薩婆桑悉伽囉 八 波利輸底 九 達摩底 十 伽伽那 十一 莎訶其持迦底 十二
[illegible] 十三 薩婆婆毗輸底 十三 摩訶那耶 十四 波利婆唎莎訶 十五
尒時復有二十五姟佛一時同聲說是无量壽宗要经陁羅尼日
南謨薄伽勃底 一 阿波利蜜哆 二 阿喻悉硯那 三 酉殊你悉指陁 四 囉佐耶 五 怛他羯他耶 六
怛姪他唵 七 薩婆桑悉伽囉 八 波利輸底 九 達摩底 十 伽伽那 十一 莎訶其持伽底 十二
薩婆婆毗輸底 十三 摩訶那耶 十四 波利婆利莎訶 十五
尒時復有恒河沙姟佛一時同聲說是无量壽宗要经陁羅尼日
南无薄伽勃底 一 阿波利蜜哆 二 阿喻悉硯那 三 酉毗你悉指陁 四 囉佐耶 五 怛他羯
他耶 六 怛姪他唵 七 薩婆婆毗輸底 八 波利輸底 九 達摩底 十 伽伽那 十一 莎訶其持迦底 十二
薩婆婆毗輸底 十三 摩訶那耶 十四 波利婆利莎訶 十五
善男子若有自書寫教人書寫是无量壽宗要经如其命盡復得長壽而滿年陁羅尼日
南无薄伽勃底 一 阿波利蜜多 二 阿喻悉硯那 三 酉殊你悉指陁 四 囉他耶 五 怛他羯他耶 五

南无薄伽勃底 一 阿波利蜜多 二 阿喻怷硯那 三 須弥你悉指陁 四 囉佐耶 五 怛他羯他耶 六

怛姪他唵 七 薩婆桑悉伽囉 八 波利輸底 九 達摩底 十 伽伽那 十一 莎訶某持迦底 十二

薩婆婆毗輸底 十三 摩訶那耶 十四 波利婆唎莎訶 十五

若有善男子自書寫是无量壽宗要經讀誦受持畢竟不墮地獄在在所生得宿命智陁羅尼曰

南无薄伽勃底 一 阿波利蜜多 二 阿喻怷硯那 三 須弥你悉指陁 四 囉佐耶 五 怛他羯他耶 六 怛姪他唵 七 薩婆桑悉伽囉 八 波利輸底 九 達摩底 十 伽伽那 十一 莎訶某持迦底 十二 薩婆婆毗輸底 十三 摩訶那耶 十四 波利婆利莎訶 十五

若有自書寫教人書寫是无量壽宗要經受持讀誦如同書寫八万四千一切經陁羅尼曰

南无薄伽勃底 一 阿波利蜜哆 二 阿喻怷硯那 三 須弥你悉指陁 四 囉佐耶 五 怛他羯他耶 六 怛姪他唵 七 薩婆桑悉伽囉 八 波利輸底 十 伽伽那 十一 莎訶某持迦底 十二 薩婆婆毗輸底 十三 摩訶那耶 十四 波利婆利莎訶 十五

若有自書寫教人書寫是无量壽宗要經即是書寫八万四千部建立塔廟陁羅尼曰

南无薄伽勃底 一 阿波利蜜哆 二 阿喻怷硯那 三 須弥你悉指陁 四 囉佐耶 五 怛他羯他耶 六

怛姪他唵 七 薩婆桑悉伽囉 八 波利輸底 九 達摩底 十 伽伽那 十一 莎訶某持迦底 十二

薩婆婆毗輸底 十三 摩訶那耶 十四 波利婆唎莎訶 十五

若有自書寫教人書寫是无量壽宗要經能消五无間等一切重罪陁羅尼曰

若有自書寫教人書寫是无量壽宗要经能消五无間等一切重罪陁羅尼曰
南无薄伽勃底 一 阿波利蜜哆 二 阿喻纥硯那 三 須毗你悉指陁 四 囉佐耶 五 怛他羯他耶 六
怛姪他唵 七 薩婆桑悉迦囉 八 波利輸底 九 達摩底 十 伽伽那 十一 莎訶某持迦底 十二
薩婆婆毗輸底 十三 摩訶那耶 十四 波利婆利莎訶
若有自書寫教人書寫是无量壽宗要经受持讀誦設有重罪猶如須弥盡能除滅陁羅尼曰
南无薄伽勃底 一 阿波利蜜多 二 阿喻纥硯那 三 須弥你悉指陁 四 囉佐耶 五 怛他羯他耶 六 怛姪他唵 七
薩婆桑悉伽囉 八 波利輸底 九 達摩底 十 伽伽那 十一 莎訶某持迦底 十二 薩婆婆毗輸底 十三
摩訶那耶 十四 波利婆利莎訶 十五 若有自書寫教人書寫是无量壽經
宗要經受持讀誦若魔魔之眷屬夜叉羅刹不得其便終無枉死陁羅尼曰
南无薄伽勃底 一 阿波利蜜哆 二 阿喻纥硯那 三 須弥你悉指陁 四 囉佐耶 五 怛他羯他耶 六 怛姪
他唵 七 薩婆桑悉伽羅 八 波利輸底 九 達摩底 十 伽伽那 十一 莎訶某持迦底 十二 薩婆婆
毗輸底 十三 摩訶那耶 十四 波利波利莎訶 十五 若有自書寫教人書寫是无量壽宗要
經受持讀誦當命終時有九十九姟佛現其人前來千佛授手能遊一切佛刹莫於此經生於疑惑陁羅尼曰
南无薄伽勃底 一 阿波利蜜哆 二 阿喻纥硯那 三 須弥你悉指陁 四 囉佐耶 五 怛他羯他耶 六 怛姪
他唵 七 薩婆桑悉伽囉 八 波利輸底 九 達摩底 十 伽伽那 十一 莎訶某持伽底 十二 薩婆婆毗輸底 十三
摩訶那耶 十四 波利婆利莎訶 十五

摩訶那耶　波利婆剎帝訶

若有自書寫教人書寫是无量壽宗要經受持讀誦常得四天王隨其衛護陁羅尼曰

南无薄伽勃底一阿波利蜜多二阿喻紇硯那三須毗你悉指陁四囉佐耶五怛他羯他耶六怛姪他唵七薩

婆桑悉伽囉八波利輸底九達摩底十伽伽那十一娑訶莎持迦底十二薩婆婆毗輸底十三

摩訶那耶十四波利婆剎帝訶十五

若有自書寫教人書寫是无量壽宗要經受持

讀誦當得往生西方極樂世界阿彌陁淨土陁羅尼曰

南无薄伽勃底一阿波利蜜多二阿喻紇硯那三須毗你悉指陁四囉佐耶五怛他羯他耶六怛姪

他唵七薩婆桑悉伽囉八波利輸底九達摩底十伽伽那十一娑訶莎持迦底十二娑婆婆毗

輸底十三摩訶那耶十四波利婆剎帝訶十五

若有方所自書寫使人書寫是无量壽經

典之處則為是塔皆應恭敬作礼若是畜生或為鳥獸得聞是經如是等類皆當不久得成一切種智

陁羅尼曰　南无薄伽勃底一阿波利蜜多二阿喻紇硯那三須毗你悉指多四囉佐耶五怛他羯他耶

怛姪他唵七薩婆桑悉伽囉八波利輸底九達摩底十伽伽那十一娑訶莎持迦底十二薩婆婆

毗輸底十三摩訶那耶十四波利婆剎帝訶十五

若有於是无量壽經自書寫若使人書寫畢竟不受女人之身陁羅尼曰

南无薄伽勃底一阿波利蜜多二阿喻紇硯那三須毗你悉指陁四囉佐耶五怛他羯他耶六

怛姪他唵七薩婆桑悉伽囉八波利輸底九達摩底十伽伽那十一娑訶莎持迦底十二薩婆

婆毗輸底十三摩訶那耶十四波利婆剎帝訶十五

婆毗輸底 十三 摩訶那耶 十四 波利婆利莎訶 十五

若有能於是經少分能志施者等於三千大千世界七寶布施陁羅尼曰

南无薄伽勃底 一 阿波利蜜哆 二 阿喻紇硯那 三 須殊你悉指陁 四 囉佐耶 五 怛他羯他耶 六

怛姪他唵 七 薩婆桑悉伽囉 八 波利輸底 九 達摩底 十 伽伽那 十一 莎訶某持迦底 十二 薩

婆婆毗輸底 十三 摩訶那耶 十四 波利婆利婆訶 十五

若有能於是經能供養者則是供養一切諸經等无有異陁羅尼曰

南无薄伽勃底 一 阿波利蜜哆 二 阿喻紇硯那 三 須殊你悉指陁 四 囉佐耶 五 怛他羯他耶 六 怛姪他唵 七 薩

婆桑悉伽囉 八 波利輸底 九 達摩底 十 伽伽那 十一 莎訶某持迦底 十二 薩婆婆毗輸底 十三

摩訶那耶 十四 波利婆利莎訶 十五

如是毗婆尸佛 尸弃佛 毗舍浮佛 俱留孫佛 俱那含牟尼佛 迦葉佛 釋迦牟尼佛 若有

人以七寶供養如是七佛其福有限書寫受持是无量壽經典所有功德不可限量陁羅尼曰

南无薄伽勃底 一 阿波利蜜哆 二 阿喻紇硯那 三 須殊你悉指陁 四 囉佐耶 五 怛他羯他耶 六

怛姪他唵 七 薩婆桑悉伽囉 八 波利輸底 九 達摩底 十 伽伽那 十一 莎訶某持迦底 十二 薩婆

婆毗輸底 十三 摩訶那耶 十四 波利婆利莎訶 十五

若有七寶等於須弥以用布施其福上能知其限量是无量壽經典其福不可知數陁

羅尼曰 南无薄伽勃底 一 阿波利蜜哆 二 阿喻紇硯那 三 須殊你悉指陁 四 囉佐耶 五 怛

他羯他耶 六 怛姪他唵 七 薩婆桑悉伽囉 八 [illegible]

他羯他耶六 怛姪他唵七 薩婆桑悉伽囉八 波利輸底九 達摩底十 伽伽那十一 莎訶某
持伽底十二 薩婆婆毗輸底十三 摩訶那耶十四 波利婆利莎訶 十五
如是四大海水可知滴數，是无量壽經典所生果報不可知數量。陁羅尼曰
南謨薄伽勃底一 阿波利蜜哆二 阿喻紇硯那三 須弥你悉指陁四 囉佐耶五 怛他羯他耶六
怛姪他唵七 薩婆桑悉伽囉八 波利輸底九 達摩底十 伽伽那十一 莎訶某持伽底十二 薩
婆婆毗輸底十三 摩訶那耶十四 波利婆利莎訶 十五
若有自書寫、使人書寫是无量壽經典，又能護持供養，即如恭敬供養一切十方佛土如來无
有別異。陁羅尼曰
南无薄伽勃底一 阿波利蜜哆二 阿喻紇硯那三 須弥你悉指陁四 囉佐耶五 怛他羯他耶六
怛姪他唵七 薩婆桑悉伽囉八 波利輸底九 達摩底十 伽伽那十一 莎訶某持伽底十二
薩婆婆毗輸底十三 摩訶那耶十四 波利婆利莎訶 十五
布施力能成正覺 悟布施力人師子 布施力能聲普聞 慈悲階漸寂能入
持戒力能成正覺 悟持戒力人師子 持戒力能聲普聞 慈悲階漸寂能入
忍辱力能成正覺 悟忍辱力人師子 忍辱力能聲普聞 慈悲階漸寂能入
精進力能成正覺 悟精進力人師子 精進力能聲普聞 慈悲階漸寂能入
禪定力能成正覺 悟禪定力人師子 禪定力能聲普聞 慈悲階漸寂能入
智慧力能成正覺 悟智慧力人師子 智慧力能聲普聞 慈悲階漸寂能入

智慧力能成正覺　懷智慧力人師子　智慧力能聲普聞　慈悲階漸敢能入

尒時如來說是經已一切世間天人阿脩羅揵闥婆等聞佛所說皆大歡喜

信受奉行

佛說大乘無量壽宗要陁羅尼經一卷

王滿

BD01073 妙法蓮華經卷五

（後秦）鳩摩羅什 譯

BD01073v 大乘百法明門論開宗義記疏（擬）

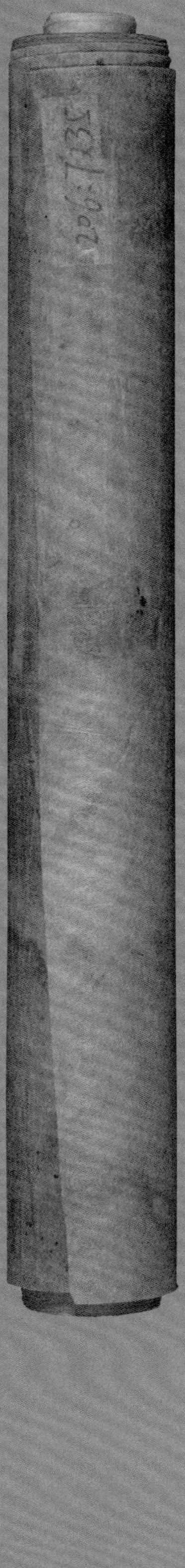

409.5cm × 26cm

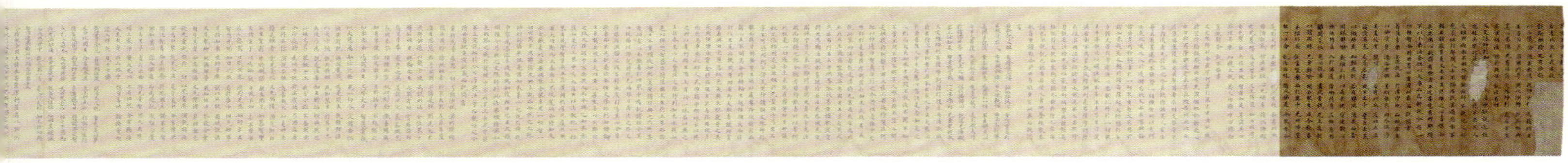

不生不出　不動不退
若有比丘　於我滅後
說斯經時　无有怯弱
以正憶念　隨義觀法　從禪定起　為諸國王
王子臣民　婆羅門等　開化演暢　說斯經典
其心安隱　无有怯弱　文殊師利　是名菩薩
安住初法　能於後世　說法華經
又文殊師利如[illegible]末法中欲說是經
應住安樂行若[illegible]時不樂說人
及經典過亦不輕慢諸餘法師不說他人好
惡長短於聲聞人亦不稱名說其過惡亦不
稱名讚歎其美又亦不生怨嫌之心善脩如
是安樂心故諸有聽者不逆其意有所難問

但以大乘而為解說令得一
切種智尒時世尊欲重宣此義而說偈言
菩薩常樂 安隱說法 於清淨地 而施床座
以油塗身 澡浴塵穢 著新淨衣 內外俱淨
安處法座 隨問為說 若有比丘 及比丘尼
諸優婆塞 及優婆夷 國王王子 羣臣士民
以微妙義 和顏為說 若有難問 隨義而荅
因緣譬喻 敷演分別 以是方便 皆使發心
漸漸增益 入於佛道 除嬾惰意 及懈怠想
離諸憂惱 慈心說法 晝夜常說 无上道教
以諸因緣 无量譬喻 開示眾生 咸令歡喜
衣服臥具 飲食醫藥 而於其中 无所悕望
但一心念 說法因緣 願成佛道 令眾亦尒

BD01073 妙法蓮華經卷五

但一心念　說法因緣　願成佛道　令衆亦尒
是則大利　安樂供養　我滅度後　若有比丘
能演說斯　妙法華經　心无嫉恚　諸惱障礙
亦无憂愁　及罵詈者　又无怖畏　加刀杖等
亦无擯出　安住忍故　智者如是　善脩其心
能住安樂　如我上說　其人功德　千万億劫
筭數譬喻　說不能盡
又文殊師利菩薩摩訶薩於後末世法欲滅
時受持讀誦斯經典者无懷嫉妬諂誑之心
亦勿輕罵學佛道者求其長短若比丘比丘
尼優婆塞優婆夷求聲聞者求辟支佛者求
菩薩道者无得惱之令其疑悔語其人言汝

汝是放逸之人於道懈怠故又亦不應戲論
諸法有所諍競當於一切衆生起大悲想於
諸如來起慈父想於諸菩薩起大師想於十
方諸大菩薩常應深心恭敬礼拜於一切衆
生平等說法以順法故不多不少乃至深愛
法者亦不為多說文殊師利是菩薩摩訶薩
於後末世法欲滅時有成就是第三安樂行
者說是法時无能惱亂得好同學共讀誦是
經亦得大衆而來聽受聽已能持持已能誦
誦已能說說已能書若使人書供養經卷恭
敬尊重讚歎尒時世尊欲重宣此義而說偈
言
若欲說是經　當捨嫉恚慢　諂誑耶偽心　常脩質直行

BD01073　妙法蓮華經卷五

若欲說是經　當捨嫉恚慢　諂誑耶僞心　常脩質直行
不輕蔑於人　亦不戲論法　不令他疑悔　云汝不得佛
是佛子說法　常柔和能忍　慈悲於一切　不生懈怠心
十方大菩薩　愍衆故行道　應生恭敬心　是則我大師
於諸佛世尊　生无上父想　破於憍慢心　說法无障礙
第三法如是　智者應守護　一心安樂行　无量衆所敬
又文殊師利菩薩摩訶薩於後末世法欲滅
時有持法華經者於在家出家人中生大慈心
於非菩薩人中生大悲心應作是念如是之
人則為大失如来方便隨宜說法不聞不知
不覺不問不信不解其人雖不問不信不解
是經我得阿耨多羅三藐三菩提時隨在何
[illegible]

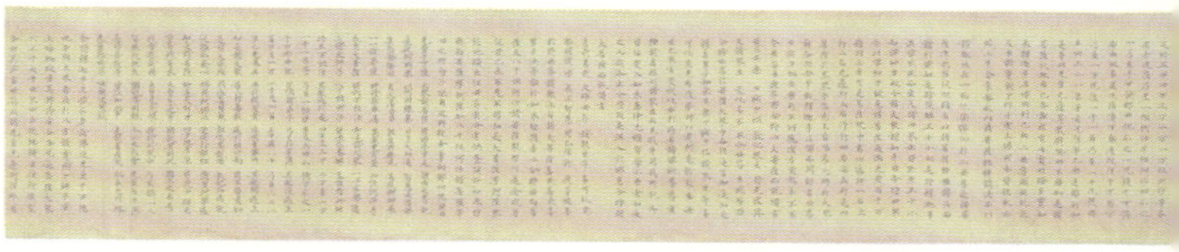

殊師利是菩薩摩訶薩於如來滅後有成
就此第四法者說是法時无有過失常為比
丘比丘尼優婆塞優婆夷國王王子大臣人
民婆羅門居士等供養恭敬尊重讚歎虛空
諸天為聽法故亦常隨侍若在聚落城邑空
閑林中有人來欲難問者諸天晝夜常為法
故而衛護之能令聽者皆得歡喜所以者何
此經是一切過去未來現在諸佛神力所護
故文殊師利是法華經於无量國中乃至名
字不可得聞何況得見受持讀誦文殊師利
譬如強力轉輪聖王欲以威勢降伏諸國而
諸小王不順其命時轉輪王起種種兵而往
討伐王見兵衆戰有功者即大歡喜隨功賞

BD01073　妙法蓮華經卷五

討伐王見兵衆戰有功者即大歡喜隨功賞
賜或與田宅聚落城邑或與衣服嚴身之具
或與種種珎寶金銀瑠璃車璖馬瑙珊瑚虎
珀爲馬車乘奴婢人民唯髻中明珠不以與
之所以者何獨王頂上有此一珠若以與之
王諸眷屬必大驚怪文殊師利如来亦復如
是以禪定智慧力得法國土王於三界而諸
魔王不肯順伏如来賢聖諸將與之共戰其
有功者心亦歡喜於四衆中爲説諸經令其
心悅賜以禪定解脫无漏根力諸法之財又
復賜與涅槃之城言得滅度引導其心令皆
歡喜而不爲説是法華經文殊師利如轉輪
王見諸兵衆有大功者心甚歡喜以此難信

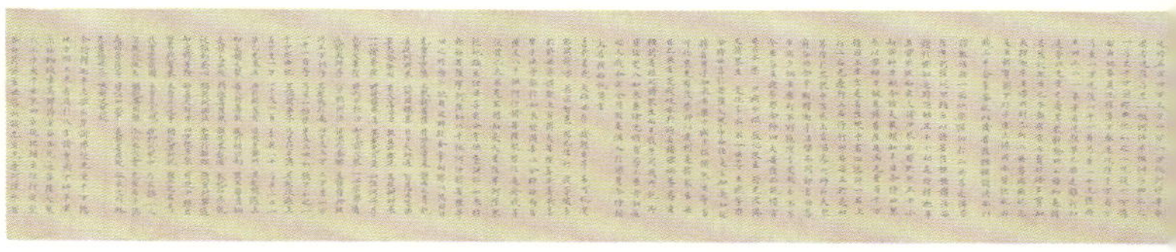

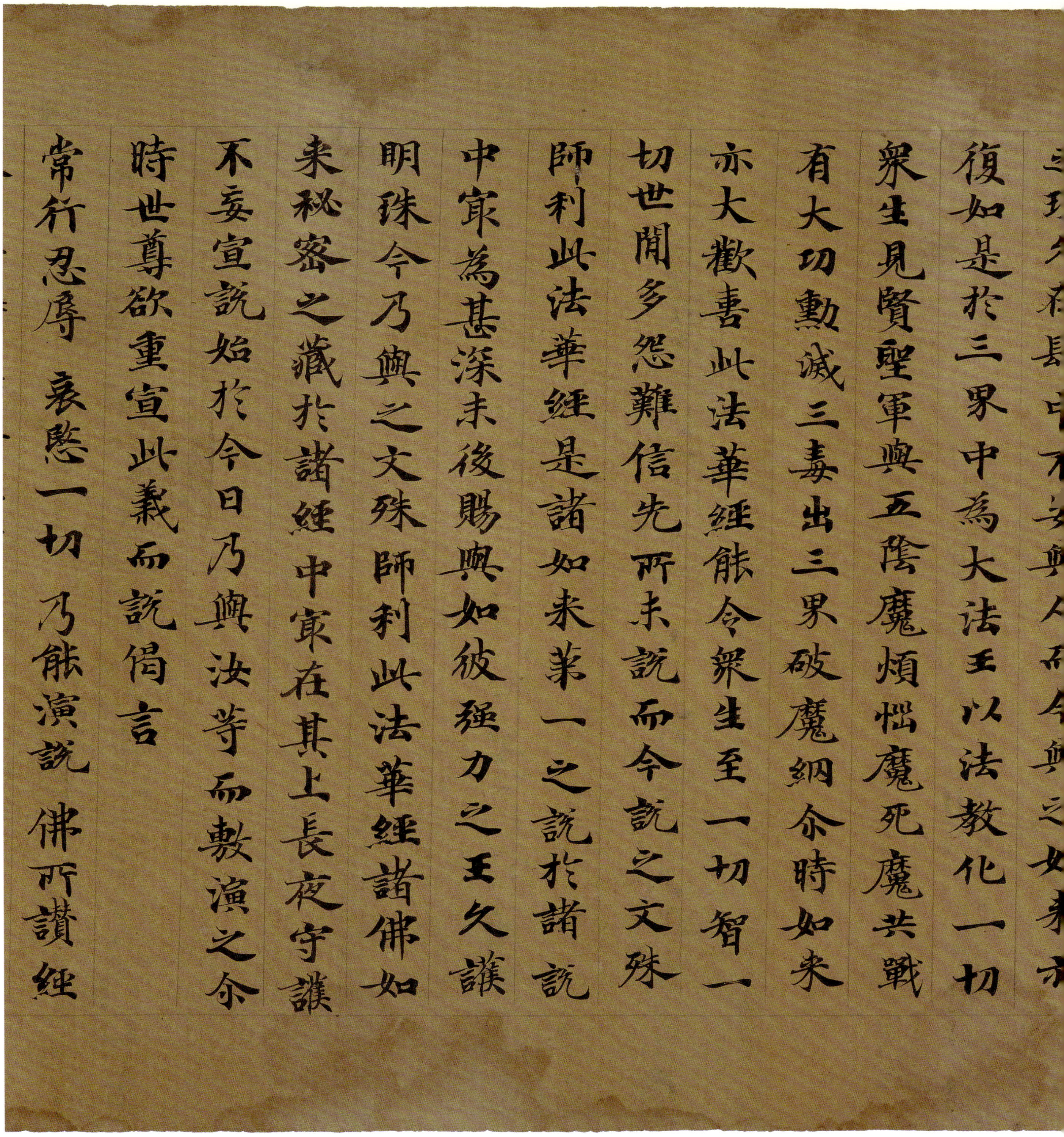

之珠久在髻中不妄與人而今與之如来亦
復如是於三界中為大法王以法教化一切
衆生見賢聖軍與五陰魔煩惱魔死魔共戰
有大功勳滅三毒出三界破魔網尒時如来
亦大歡喜此法華經能令衆生至一切智一
切世間多怨難信先所未說而今說之文殊
師利此法華經是諸如来苐一之說於諸說
中㝡為甚深末後賜與如彼強力之王久護
明珠今乃與之文殊師利此法華經諸佛如
来秘密之藏於諸經中㝡在其上長夜守護
不妄宣說始於今日乃與汝等而敷演之尒
時世尊欲重宣此義而說偈言
常行忍辱　哀愍一切　乃能演說　佛所讚經

BD01073　妙法蓮華經卷五

常行忍辱　哀愍一切　乃能演說　佛所讚經
後末世時　持此經者　於家出家　及非菩薩
應生慈悲　斯等不聞　不信是經　則為大失
我得佛道　以諸方便　為說此法　令住其中
譬如強力　轉輪之王　兵戰有功　賞賜諸物
象馬車乘　嚴身之具　及諸田宅　聚落城邑
或與衣服　種種珎寶　奴婢財物　歡喜賜與
如有勇健　能為難事　王解髻中　明珠賜之
如來亦爾　為諸法王　忍辱大力　智慧寶藏
以大慈悲　如法化世　見一切人　受諸苦惱
欲求解脫　與諸魔戰　為是眾生　說種種法
以大方便　說此諸經　既知眾生　得其力已
末後乃為　說是法華　如王解髻　明珠與之

今正是時　為汝等說　我滅度後　求佛道者
欲得安隱　演說斯經　應當親近　如是四法
讀是經者　常无憂惱　又无病痛　顏色鮮白
不生貧窮　卑賤醜陋　衆生樂見　如慕賢聖
天諸童子　以為給使　刀杖不加　毒不能害
若人惡罵　口則閉塞　遊行无畏　如師子王
智慧光明　如日之照　若於夢中　但見妙事
見諸如來　坐師子座　諸比丘衆　圍繞說法
又見龍神　阿脩羅等　數如恒沙　恭敬合掌
自見其身　而為說法　又見諸佛　身相金色
放无量光　照於一切　以梵音聲　演說諸法
佛為四衆　說无上法　見身處中　合掌讚佛

佛為四衆　說无上法　見身處中　合掌讚佛
聞法歡喜　而為供養　得陁羅尼　證不退智
佛知其心　深入佛道　即為授記　成最正覺
汝善男子　當於来世　得无量智　佛之大道
國土嚴淨　廣大无比　亦有四衆　合掌聽法
又見自身　在山林中　脩習善法　證諸實相
深入禪定　見十方佛
諸佛身金色　百福相莊嚴　聞法為人說　常有是好夢
又夢作國王　捨宮殿眷屬　及上妙五欲　行詣於道場
在菩提樹下　而處師子座　求道過七日　得諸佛之智
成无上道已　起而轉法輪　為四衆說法　經千万億劫
說无漏妙法　度无量衆生　後當入涅槃　如烟盡燈滅
若後惡世中　說是第一法　是人得大利　如上諸功德

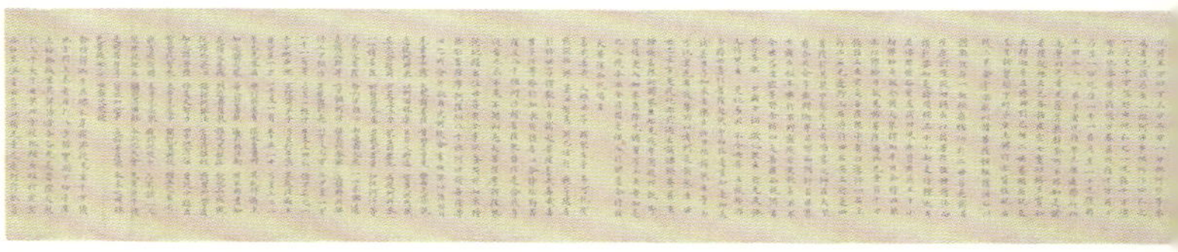

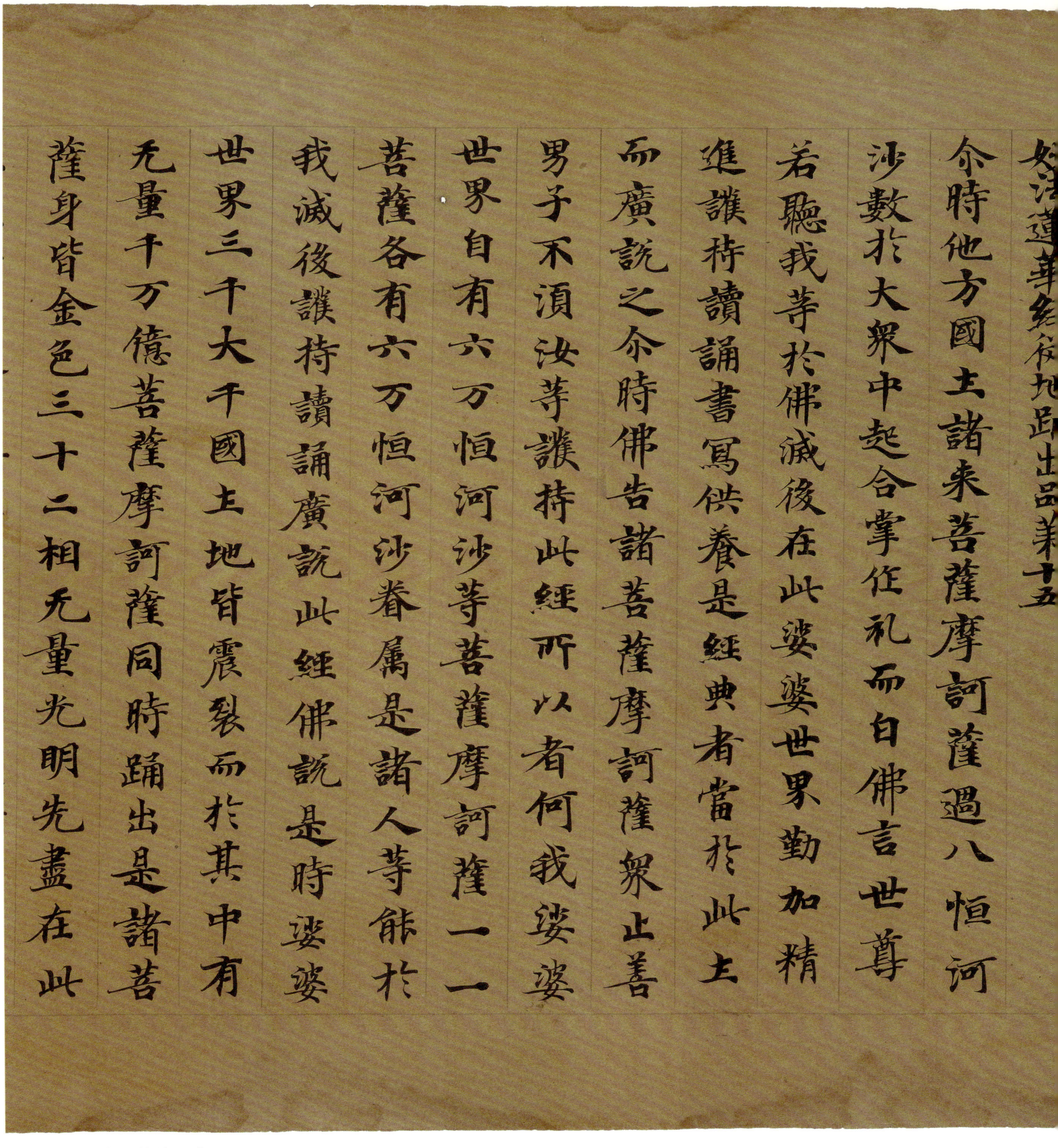

妙法蓮華經從地踊出品第十五

尒時他方國土諸來菩薩摩訶薩過八恒河
沙數於大衆中起合掌作礼而白佛言世尊
若聽我等於佛滅後在此娑婆世界勤加精
進護持讀誦書寫供養是經典者當於此土
而廣說之尒時佛告諸菩薩摩訶薩衆止善
男子不須汝等護持此經所以者何我娑婆
世界自有六万恒河沙等菩薩摩訶薩一一
菩薩各有六万恒河沙眷屬是諸人等能於
我滅後護持讀誦廣說此經佛說是時娑婆
世界三千大千國土地皆震裂而於其中有
无量千万億菩薩摩訶薩同時踊出是諸菩
薩身皆金色三十二相无量光明先盡在此

BD01073　妙法蓮華經卷五

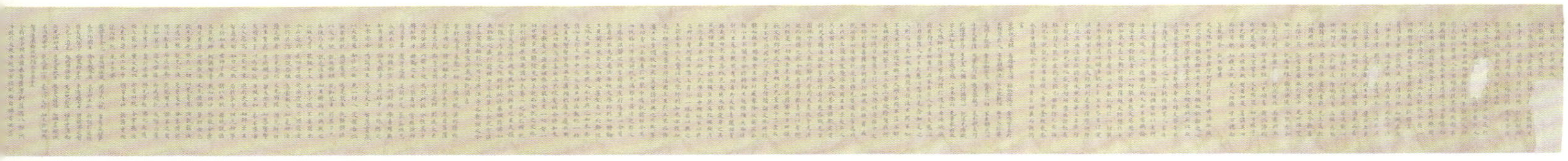

薩身皆金色三十二相无量光明先盡在此
娑婆世界之下此界虛空中住是諸菩薩聞
釋迦牟尼佛所說音聲從下發來一一菩薩
皆是大衆唱導之首各將六万恒河沙眷屬
況將五万四万三万二万一万恒河沙等眷
屬者況復乃至一恒河沙半恒河沙四分之
一乃至千万億那由他分之一況復千万億
那由他眷屬況復億万眷屬況復千万百万
乃至一万況復一千一百乃至一十況復將
五四三二一弟子者況復單己樂遠離行如
是等比无量无邊筭數譬喻所不能知是諸
菩薩從地出已各詣虛空七寶妙塔多寶如
來釋迦牟尼佛所到已向二世尊頭面禮足

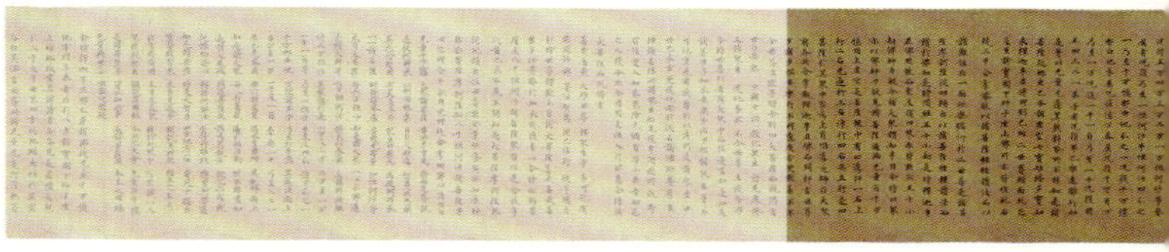

繞三帀合掌恭敬以諸菩薩種種讚法而以
讚歎住在一面欣樂瞻仰於二世尊是諸菩
薩摩訶薩從初踊出以諸菩薩種種讚法而
讚於佛如是時間經五十小劫是時釋迦牟
尼佛默然而坐及諸四衆亦皆默然五十小
劫佛神力故令諸大衆謂如半日尒時四衆
亦以佛神力故見諸菩薩遍滿无量百千万
億國土虛空是菩薩衆中有四導師一名上
行二名无邊行三名淨行四名安立行是四
菩薩於其衆中冣為上首唱導之師在大衆
前各共合掌觀釋迦牟尼佛而問訊言世尊
少病少惱安樂行不所應度者受教易不不

BD01073　妙法蓮華經卷五

少病少惱安樂行不所應度者受教易不不
令世尊生疲勞耶尒時四大菩薩而説偈言
世尊安樂　少病少惱　教化衆生　得无疲倦
又諸衆生　受化易不　不令世尊　生疲勞耶
尒時世尊於菩薩大衆中而作是言如是如是
諸善男子如來安樂少病少惱諸衆生等易
可化度无有疲勞所以者何是諸衆生世世
已來常受我化亦於過去諸佛供養尊重
種諸善根此諸衆生始見我身聞我所説即
皆信受入如來慧除先脩習學小乘者如是
之人我今亦令得聞是經入於佛慧尒時諸
大菩薩而説偈言
善哉善哉　大雄世尊　諸衆生等　易可化度

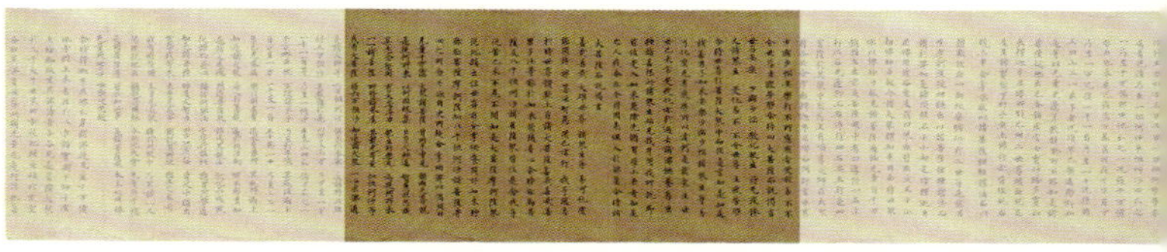

於時世尊讚歎上首諸大菩薩善哉善哉善
男子汝等能於如來發隨喜心尒時弥勒菩
薩及八千恒河沙諸菩薩衆皆作是念我等
從昔已來不見不聞如是大菩薩摩訶薩衆
從地踊出住世尊前合掌供養問訊如來時
弥勒菩薩摩訶薩知八千恒河沙諸菩薩等
心之所念并欲自決所疑合掌向佛以偈問曰
无量千万億　大衆諸菩薩　昔所未曾見　願兩足尊說
是從何所來　以何因緣集　巨身大神通　智慧叵思議
其志念堅固　有大忍辱力　衆生所樂見　為從何所來
一一諸菩薩　所將諸眷屬　其數无有量　如恒河沙等
或有大菩薩　將六万恒沙　如是諸大衆　一心求佛道

或有大菩薩　將六万恒沙　如是諸大衆　一心求佛道
是諸大師等　六万恒河沙　俱來供養佛　及護持此經
將五万恒沙　其數過於是　四万及三万　二万至一万
一千一百等　乃至一恒沙　半及三四分　億万分之一
千万那由他　万億諸弟子　乃至於半億　其數復過上
百万至一万　一千及一百　五十與一十　乃至三二一
單己无眷屬　樂於獨處者　俱來至佛所　其數轉過上
如是諸大衆　若人行籌數　過於恒沙劫　猶不能盡知
是諸大威德　精進菩薩衆　誰為其說法　教化而成就
從誰初發心　稱揚何佛法　受持行誰經　修習何佛道
如是諸菩薩　神通大智力　四方地震裂　皆從中踊出
世尊我昔來　未曾見是事　願說其所從　國土之名号
我常遊諸國　未曾見是衆　我於此衆中　乃不識一人

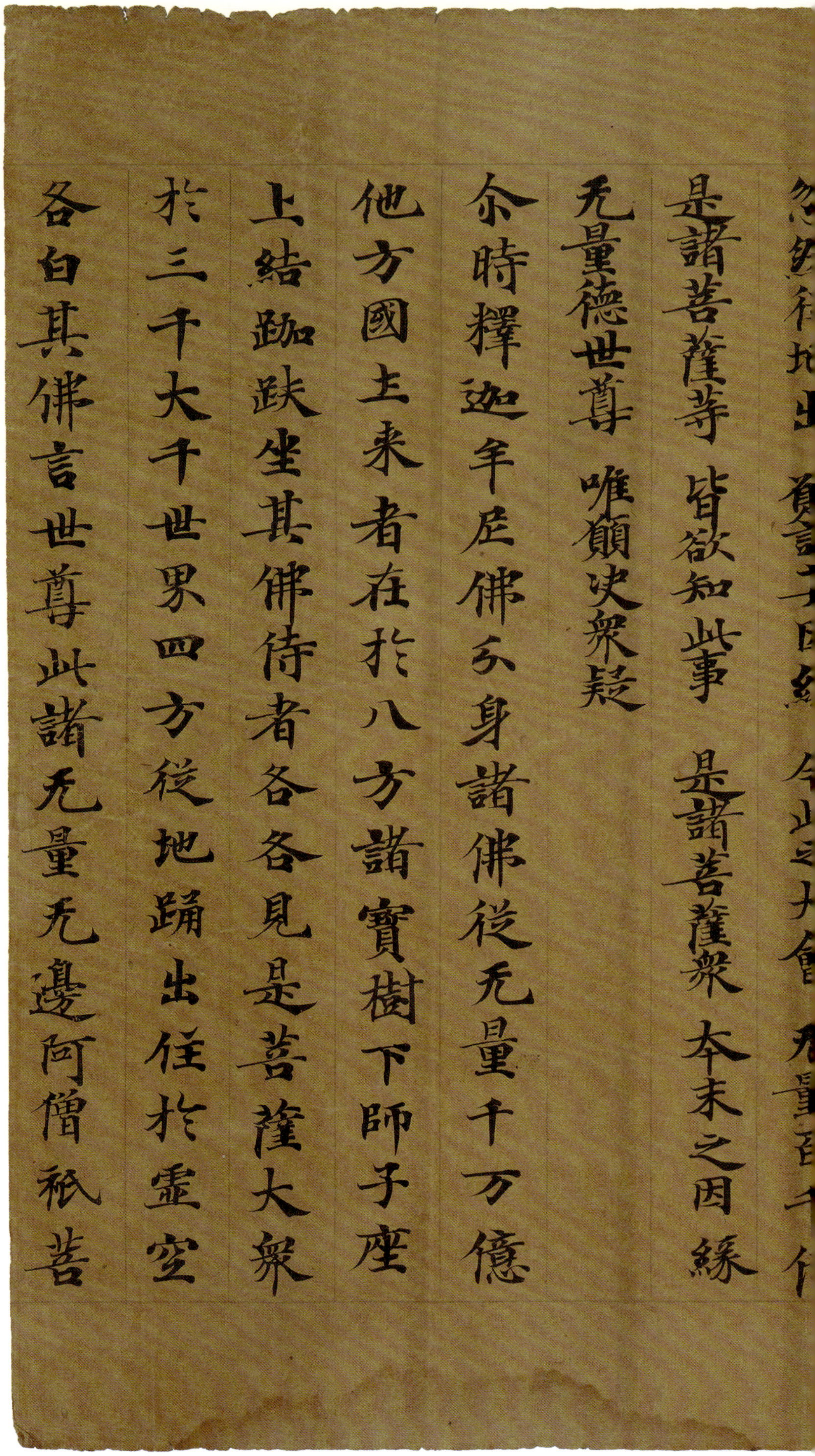

忽然從地出　願說其因緣　今此之大會　无量百千億

是諸菩薩等　皆欲知此事　是諸菩薩衆　本末之因緣

无量德世尊　唯願决衆疑

尒時釋迦牟尼佛分身諸佛從无量千万億

他方國土來者在於八方諸寶樹下師子座

上結跏趺坐其佛侍者各各見是菩薩大衆

於三千大千世界四方從地踊出住於虛空

各白其佛言世尊此諸无量无邊阿僧祇菩

將釋此論文分三別初釋義記題目次釋義之序述後解開章
正釋如是三段文義不同未可看記且今當末一義記題目說
此則中復分為三初解所說造頭造後三并解造記今兩門不同後
文末至今當末一所造義記先此中復分為三初釋上之
七字後二并下之四字兩門不同且初上之七字者大乘百法
明門論大者遮小得名乘者運載為義下文云明謂
名之為大以其者物世法者法世間因遍一切有法無不該
天不括無能詮諸而開遍故亦以道此該開故名之為大乘
能運載者並者亦是物世運理般運載理亦載猶如何
等是眾告而後只如世間車乘能般運載重又米豆等
薪炒聚等能隨意往來亦復如是一切諸人所之亦如猶如
船筏從百千人於諸光畏從河此岸度達彼岸矣約解
而論生死為此岸無為之彼岸復之名中流我也如來
將此一百法教示此中流眾生達於彼岸所以道並能

於此義[illegible]
十種資緣之為百法者軌持為義者下又云軌為軌範
生物解故持為任持守自性故何故道軌為軌則得生之一切
諸法須得軌模法則若无軌模法則何故道法門遣重出
乃合轍所以云千車同一轍万馬同一轡云之言明門者明者
是重門者通也復重則有无重則無通復重故明白解說一
切万法曉限及法

論者亦云論評亦言論評者論量正理教誡學徒故稱為論
平論者有一問二答三徵四識五難六通七開八問故稱為論
去正上來所說多段文義不同於解上之七字已向下識自
下解下之四字開者開解也釋也闡也闢也何謂也開解釋
發闡揚弘闡闢論文者理若因事宗者取其義也云一所

BD01073v　大乘百法明門論開宗義記疏（擬）

藉闡揚教闡軸論文者若事（理）若理事宗者趣也義之所
來曰宗宗之所依曰趣但是之經論皆以宗指有維摩經
以不思議為宗法花經以一乘為宗涅槃經以佛性為宗解
深密經以開顯秘隱為宗般若經以空理為宗此及
瑜伽大論以三性為宗義者義理
記由別也上來所說名數文義不同者物也識下是四字十一
義之門之義已而如上識上來文及二初釋上之七字
後釋下之四字如是之兩段文義不同也是上二門之中初造
所題一門之語已如上識曰下弁能造論主之段論曰言京
西明延揚沙門公樓者所言京者大也勝也帝天子所居
之都以勝大故号曰京都也及三京一西京即昔京府北之長
安城古曰雍州二東京即河南府古曰洛州背邙山面
洛水三北京即太原府古曰并州京今言京者即西京雍
州[illegible]

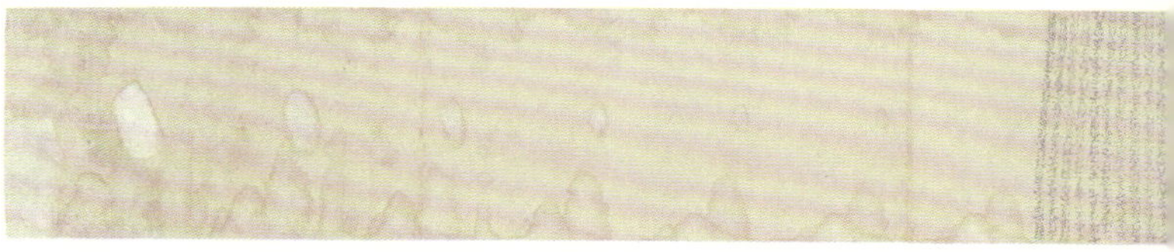

言沙門者是比丘之通稱今之者是之號寕之別名沙門是梵
語此云道勤息謂勤修勤勞自三業故名勤息也亦言息
惡謂能止息諸惡修行故撰集百緣經云一切諸法性因緣空
無主息心達本源故號爲沙門若説沙門有其四種一勝道
即佛世尊也二説道沙門將其三義教法令文律故文勸道
律儀令守淨行故三活道沙門將其八三千五乘教法利
化一切故四壞道沙門陵壞經教不挽於小乘上來所説
若取文義不同者怨解義記題目一門之語已如前釋
目下釋義之序述者夫遍知妄形乃至奚底之殊途
夫若發語之端序諸之者盡總然自總而後故總者決
備義亦云發義之端令文之勢亦論語云經中得備者盡一
經之義圖中得緒總盡一圖之緣也凡是之士流酌大慕

汪之義蜀中得緒總盡一國之綜也凡是之士派融大慕
綴解文莫能諺切德紀贊文先須蓉夫蓋寫宗然於向下
相成義理今此論亦依如來而[illegible]
於夫字下論列三教令立不同仏教約生死辨如之道教
約何遍如之何表於无遍表於於並其教首不郡以无儒
教約上三才如之此夫字亦然上之一畫是天下之一畫是之地
夫者地還故所以上短下長此天地唯識人識故當心者
人成此夫字洞此論乃是之仏教何句三才夫字也乃悉善
在曉大師造義記明約儒文波勢去此序分亦以頭後答
此字言遍知者遍謂周遍知謂知識亦是之覺也此對不
遍知如說何者是之也謂凡夫迷暗都名不知之 二乘雖之
知以分劑超勢不遍不得遍知之名之 地上菩薩超過前
世出世間雖則以知猶具微細所知障故不能同仏果自、
論如若雖成凡來遍知之菩薩遍知三界十頌四主之[illegible]

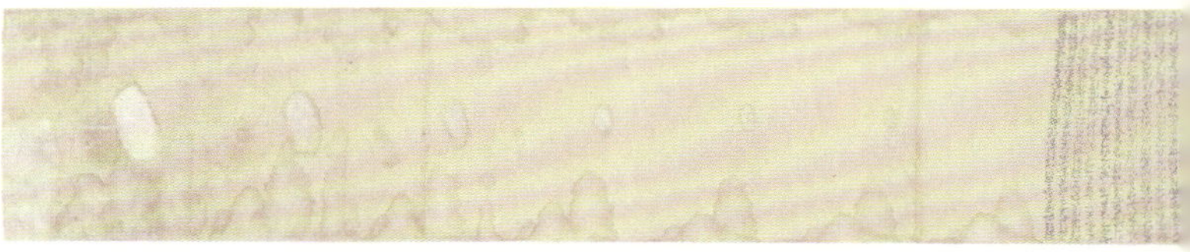

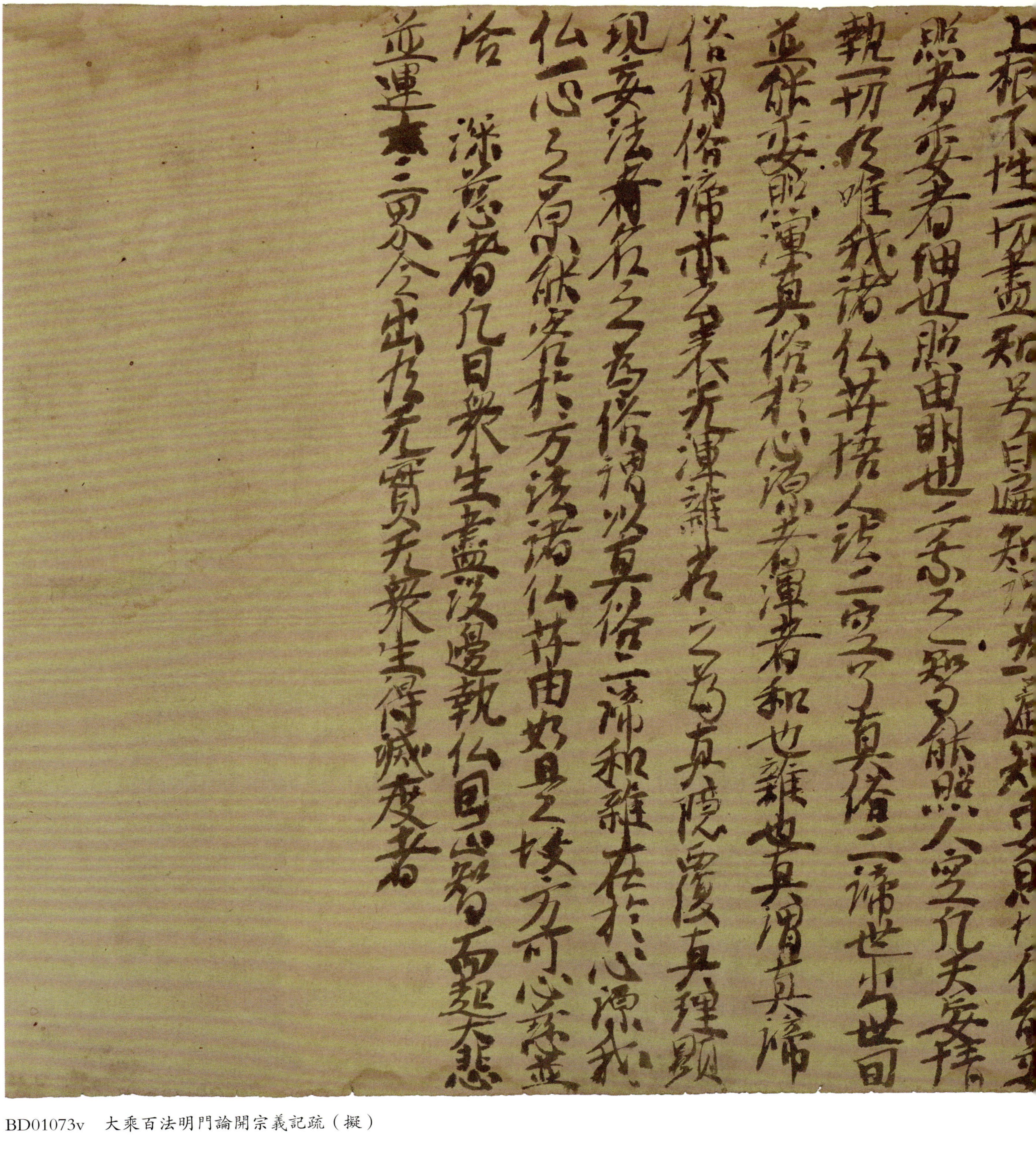

上根不性一切盡知号曰盡知 然一盡盡知者真十住[illegible]
照者妄者细也照由明也二乘之智能照人空凡夫妄執
執一切法唯我諸佛菩薩人法二空了真俗二諦世出世間
並俗妄照渾真俗於心源者渾者和也雜也真渭真諦
俗渭俗諦亦是果不渾雜者之為真隱覆真理顯
現妄法者依之為俗諦以真俗二諦和雜在於心源我
仏一心之源小能容於万法諸仏菩薩由如是之妙方寸心容並
含　迷惑者凡日衆生盡沒邊執仏目心智而起大悲
並運大三界今之出於无實天衆生得悟滅度者

BD01073v　大乘百法明門論開宗義記疏（擬）

BD01074　佛名經（十六卷本）卷一二

BD01074v　題記

520.2cm×31.4cm

南无垢……
南无一味勝佛　南……
南无賜香勝佛　南……
南无月藏佛　南……
南无樹提光明佛　南……
南无龍藏佛　南无寶光……
南无大雲藏佛　南无智德佛
南无金剛藏佛　南无住持地佛
南无虛空平等佛　南无勝藏佛
南无濡語佛　南无有德佛
南无山藏佛　南无妙鼓佛
南无娑素佛　南无波首上佛

南无歡喜藏佛　南无日藏佛
南无行勝佛　南无寶語佛
南无智勝佛　南无妙聲佛
南无自在勝佛　南无勝妙勝佛
南无佛寶幢佛　南无隨順戒佛
南无寶勝佛　南无无垢琉璃佛
南无滿足金剛住持佛
南无甘露幢佛　南无成就功德佛
南无香山佛　南无根本勝藏佛
南无不可知佛　南无无邊知佛
南无无量佛　南无无量自在佛
南无[illegible]月佛　南无[illegible]佛

南无无量佛　南无无量自在佛
南无大光明佛　南无德藏佛
南无根本莊嚴奮迅佛　南无根本光佛
南无一切衆生見愛奮迅莊嚴王佛
從此以上八千九百佛十二部經一切賢聖
南无忍王佛　南无離一切煩惱佛
南无寶色勝佛　南无香勝王佛
南无憶藏佛　南无見一切佛
南无見愛佛　南无不可見佛
南无甘露功德稱佛　南无一切無差别能斷疑佛
南无師子吼佛　南无散華佛
南无勝佛　南无无㝵留作佛

南无一切[illegible]佛　南无尊勝佛
南无吉王佛　南无一切世間道自在王佛
南无須弥劫佛　南无勝須弥佛
南无解勝佛　南无世間聲佛
南无堅奮迅佛　南无堅自在佛
南无旃檀勝佛　南无不差别佛
南无息切德佛　南无善思惟佛
南无能断一切業佛　南无相佛
南无寶勝佛　南无寶輪佛
南无大寶佛　南无无垢光明佛
南无樂説莊嚴稱佛　南无无垢月幢稱佛
南无金莊嚴光明佛　南无[illegible]大佛

南无集說莊嚴稱佛　南无无垢月幢稱佛
南无華莊嚴光明佛　南无出火佛
南无畏　觀佛　南无師子奮迅力佛
南无寶精進日月光明莊嚴功德知聲王佛
南无初發心念斷一切疑煩惱佛
南无破一心闇勝佛
南无　寶炎佛　南无旃檀香佛
南无火寶炎佛　南无華幢佛
南无普勝帝沙佛　南无滿賢佛
南无象力精進奮迅佛　南无香勝佛
南无勝稱佛　南无淨鏡佛
南无華集佛　南无離塵佛

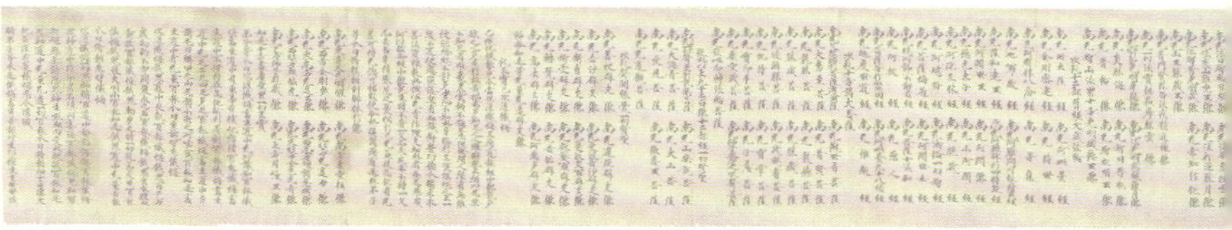

南无得功德佛 南无不動佛
南无栴檀佛 南无因陁羅財佛
南无集山佛 南无能化佛
南无因陁羅幢佛 南无无畏作佛
南无富樓那佛 南无弗沙佛
南无法水清淨虛空果王佛 南无普智光明勝王佛
南无香光明功德寶莊嚴王佛
南无普智聲王佛 南无一切四无畏光燈佛
南无普善速勝王佛 南无善光大光佛
南无普門智照聲佛 南无无量功德海藏光明佛
南无法界電光无障㝵功德佛
南无清淨眼无垢炎燈佛 南无師子光月勝光佛

南无法界電光无障㝵功德佛
南无清淨眼无垢歡燈佛
南无廣光明智勝幢佛
南无香光明歡喜力海佛
南无自在高佛
南无稱自在光佛
南无智成就海王幢佛
南无一切法海勝王佛
南无梵自在勝佛
南无不可壞力普照光明幢佛
南无无垢功德日眼佛
南无量勝離垢光幢佛

南无師子光明勝光佛
南无金光明无邊力精進成佛
南无成就王佛
南无歡喜大海速行佛
南无廣稱智佛
南无相顯文殊月佛
南无智功德法住佛
南无過法界勝聲佛
南无无㝵智普照光明佛
南无法界虛空平等光明佛

南无福德相雲勝威德佛　南无照勝頂光明佛
南无法風大海意佛　南无法相化普光明佛
從此以上九千佛十二部經一切賢聖
南无善成就眷屬普照佛　南无法盡疾速歡喜悲佛
南无无垢清淨普光明佛
南无清淨眼華勝佛　南无善智力威德佛
南无虛空清淨眼月佛　南无照金色須弥燈佛
南无智勝寶法光明佛　南无照寶燈佛
南无普光明高山佛　南无大勝佛
南无波頭摩奮迅佛　南无善天照佛
南无盡功德佛　南无華威德佛
南[illegible]佛　南[illegible]佛

南无盡功德佛
南无華威德佛
南无甘露力佛
南无聲邊佛
南无妙聲勝威德成就佛
南无普光明聲虛空照佛
南无普門見勝佛
南无无邊功德照佛
南无普光功德照燈鏡像佛
南无喜樂現華火佛
南无寶須弥照燈王佛
南无善化法界金光明電聲佛
南无可降伏力願佛
南无虛空城惠乳聲佛
南无十方廣遍稱智照燈佛
南无師子光明滿足功德海佛
南无智敷華光明佛
南无普眼滿足法界難勝幢佛
南无勝惠善導師佛
南无[illegible]光月[illegible]佛
南无[illegible]月[illegible]幢佛

南无東方善護四天下名金月良如來為上首
南无南方難勝四天下曰陁羅如來為上首
南无西方親意四天下娑樓那如來為上首
南无北方師子意四天下摩訶牟尼如來為上首
南无東北方善擇四天下降伏諸魔如來為上首
南无東南方樂四天下毗沙門如來為上首
南无西南方堅固四天下不動如來為上首
南无西北方善地四天下普門如來為上首
南无上妙四天下得智者意如來為上首
南无下方炎四天下善集如來為上首
歸命如是等无量无邊諸佛
南无盡一切眾威德王佛　南无普光明眾威王佛

歸命如是等无量无邊諸佛
南无盧舍那勝威德王佛
南无法界佛
南无法界虛空智幢照佛
南无龍自在王佛
南无普勝弥留王佛
南无普輪到聲佛
南无普香佛
南无阿那羅勝境界佛
南无旃檀雞兜佛
南无无邊世間智輪雞兜佛
南无不可思量命佛
南无普光明勝藏王佛
南无智燈佛
南无阿弥濫波浪佛
南无法月普智光明佛
南无无障虛空智雞兜幢王佛
南无无量宿自在王佛
南无弥留莊燈王佛
南无香毗頭羅佛
南无一切佛寶勝王佛
南无阿僧伽智雞兜佛
南无不可用佛

南无師子佛　南无月智佛
南无照佛　南无燈佛
南无无垢佛　南无山勝佛
南无波頭勝藏佛　南无盧舍那佛
南无普眼佛　南无梵命佛
南无婆藪天佛
南无无邊光明平等法界莊嚴王佛
南无力光明佛　南无高行佛
南无栴檀達佛　南无金色意佛
南无妙飲佛　南无高聲佛
南无冣勝佛　南无高見佛
南无吉妙佛　南无弗沙佛

南无龍勝佛　南无高見佛
南无吉妙佛　南无弗沙佛
南无高稱佛　南无妙波頭摩佛
南无普功德佛　南无作燈佛
南无善自佛　南无一切法佛吼王佛
南无山幢身眼勝佛　南无寶勝莊嚴功德幢佛
南无普智寶實勝功德佛　南无功德幢佛
南无因陁羅幢勝雞兜佛
從此以上九千一百佛十二部經一切賢聖
南无勝輪佛　南无大悲雲幢佛
南无金剛那羅延雞兜佛　南无降昇勝安隱稱足佛
南无大光山勝莊嚴佛　南无一切法海勝王佛

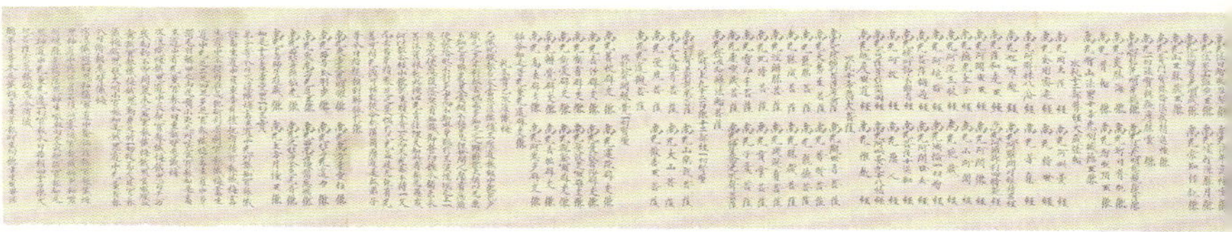

南无淨法海光佛　南无寶髻奚術足燈佛
南无一切十億國土微塵同名金剛藏佛
南无十億國土微塵同名金剛雞兜佛
南无十百千國土微塵數同名金剛幢佛
南无十百千國土微塵數同名善法佛
南无十百千國土微塵數同名稱心佛
南无十國土微塵數同名善功德佛
南无不可說佛國土微塵數同名不可勝佛
南无不可說佛國土微塵數同名毗婆尸佛
南无十佛國土微塵數同名普幢佛
南无八十億佛國土微塵數不可數百千万億那由他同名普賢佛
南无一切佛國土微塵數同名佛勝佛

南无八十億佛國土微塵數千億數百千万億光明佛同名普佛

南无一切佛國土微塵數同名佛勝佛

南无佛國土微塵數百千万億那由他不可說同名普稱自在佛

南无賢勝王佛　　南无功德海光明勝照藏佛

南无法界虛空滿足不退佛　　南无法果光佛

南无不退轉法輪果聲佛　　南无法樹山威德佛

南无一切法堅固光王佛　　南无寶光世燈幢王佛

南无一切德山光明威德王佛　　南无法雲光王佛

南无智炬王佛　　南无法電幢王勝佛

南无法燈智師子山威德王佛　　南无一切法印光威德王佛

南无垢法山威德燈佛　　南无法輪光明頂佛

南无法山月素雲佛　　南无法海覺聲王佛

南无法日智輪壯燈佛　南无法華高幢雲佛
南无法炎山雞兒王佛　南无法行深勝月佛
南无法智普光明藏佛　南无常知作化佛
南无山王勝藏王佛
南无普門賢弥畨法疾精進幢佛
南无一切法寶俱藴摩勝雲佛
南无寂靜光明身髻佛　南无法光明慈鏡像月佛
南无炎勝海佛　南无智日普照佛
南无普輪佛　南无智照須王佛
南无智山法果十方光明威德王佛
次礼十二部尊經大藏法輪
南无国土藏經　南无阿毗曇經

南无國土薩經　南无阿毗曇經
南无金剛密迹經　南无持世經
南无阿那律八念經　南无等集經
南无迦羅越經　南无阿難問日緣持戒經
南无薩和達王經　南无阿難邠利四時施經
南无阿闍世王經　南无阿閦佛經
南无德光太子經　南无小阿闍經
南无阿陁三昧經　南无胞藏經
南无阿鳩畱經　南无漸備一切智經
南无菩薩悔過經　南无阿闍世女經
南无曉所諍不解者經　南无菩薩十遍和經
南无…可…經　南无…惡…經

南无菩薩等行分數國經　南无阿毗曇九十八結經

南无趣度世道經　南无惟越經

次礼十方諸大菩薩

南无文殊師利菩薩摩訶薩　南无觀世音菩薩

南无大勢至菩薩　南无普賢菩薩

南无龍勝菩薩　南无龍德菩薩

南无勝成菩薩　南无勝藏菩薩

南无波頭勝菩薩　南无成就有菩薩

南无地持菩薩　南无寶掌菩薩

南无寶印手菩薩　南无子意菩薩

南无虛空藏菩薩　南无師子奮迅吼聲菩薩

南无發心即轉法輪菩薩

南无虛空藏菩薩　南无[illegible]菩薩
南无發心即轉法輪菩薩
從此以上九十二百佛十二部經一切賢聖
南无一切聲差別説集菩薩　南无山集説菩薩
南无大海音菩薩　南无大山菩薩
南无愛見菩薩　南无歡喜王菩薩
南无无邊觀菩薩
次礼聲聞緣覺一切賢聖
南无善快辟支佛　南无達随辟支佛
南无吉沙辟支佛　南无憂波吉沙辟支佛
南无斷有辟支佛　南无憂波支羅辟支佛
南无斷愛辟支佛　南无旋婆羅辟支佛

南无轉覺辟支佛　南无吉城辟支佛
南无高去辟支佛　南无阿惹多辟支佛
歸命如是等无量无邊辟支佛
礼三寶已次復懺悔
已懺地獄報竟今當次復懺悔三惡道報經中佛說多
欲之人多求利故苦惱亦多知足之人雖卧地上猶以為樂
不知足者雖處天堂猶不稱意但世間人忽有急難
便能捨財不計多少而不知此身臨於三塗深坑之上一
息不還便應墮落忽有知識勸營功德令脩未來
善法資粮執此慳心无肯作理夫如此者極為愚或
何以故尒經中佛說生時不賫一文而來死亦不持一文
而去苦身積聚為之憂惱於己无益徒為他有无

何以故尒經中佛說生時不賫一文而來死亦不持一文
而去苦身積聚為之憂惱於己无益徒為他有无
善可恃无德可怙致使命終墮諸惡道是故弟子
等今日稽顙歸依於佛
南无東方大光明曜佛　南无南方虛空住佛
南无西方金剛步佛　南无北方无邊力佛
南无東南方无邊王佛　南无西南方壞諸惡賊佛
南无西北方離垢光佛　南无東北方金色光香佛
南无下方師子遊戲佛　南无上方月幢王佛
如是十方盡虛空界一切三寶
弟子等今日次復懺悔畜生道中无所識知罪報懺
悔畜生道中負重牽犁償他宿債罪報懺悔畜

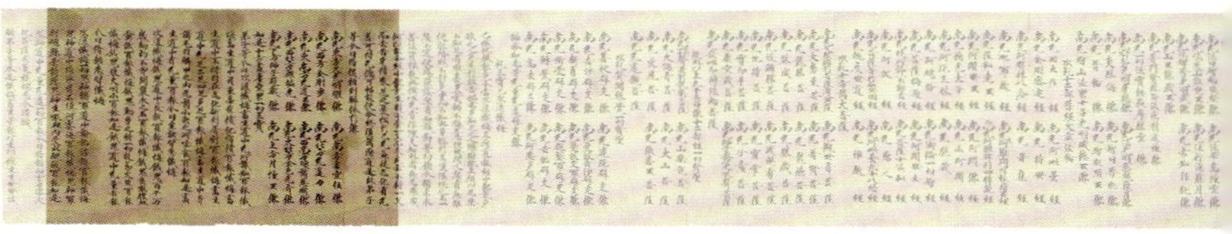

生道中不得自在爲他所夷屠害罪報懺悔畜生
道中无足二足四足多足罪報懺悔畜生道中身
諸毛羽鱗甲之内爲諸小虫之所唼食罪報如是畜
生道中有无量罪報今日至誠皆悉懺悔
次復懺悔餓鬼道中長飢罪報懺悔餓鬼百千万
歲劫初不曾聞漿水之名罪報懺悔餓鬼食噉膿血
糞穢罪報懺悔餓鬼動身之時一切枝節火然罪報
懺悔餓鬼腹大咽小罪報如是餓鬼道中无量苦報
今日稽顙悉皆懺悔
次復懺悔一切鬼神脩羅道中諭諂詐稱罪報懺悔
鬼神道中擔沙負石填河塞海罪報懺悔鬼神羅
剎鳩槃荼諸惡鬼神生噉血肉受此醜陋罪報如是

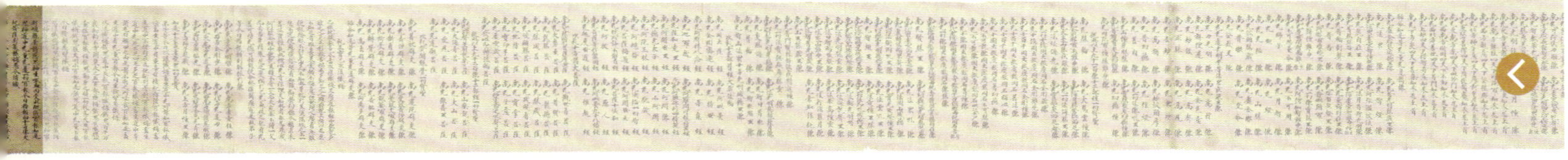

剎鳩槃荼諸惡鬼神生噉血肉受此醜陋罪報如是
鬼神道中无量无邊一切罪報今日稽顙向十方佛大
地菩薩求哀懺悔悉令消滅
願弟子等承是懺悔畜生等報所生功德生生世世滅

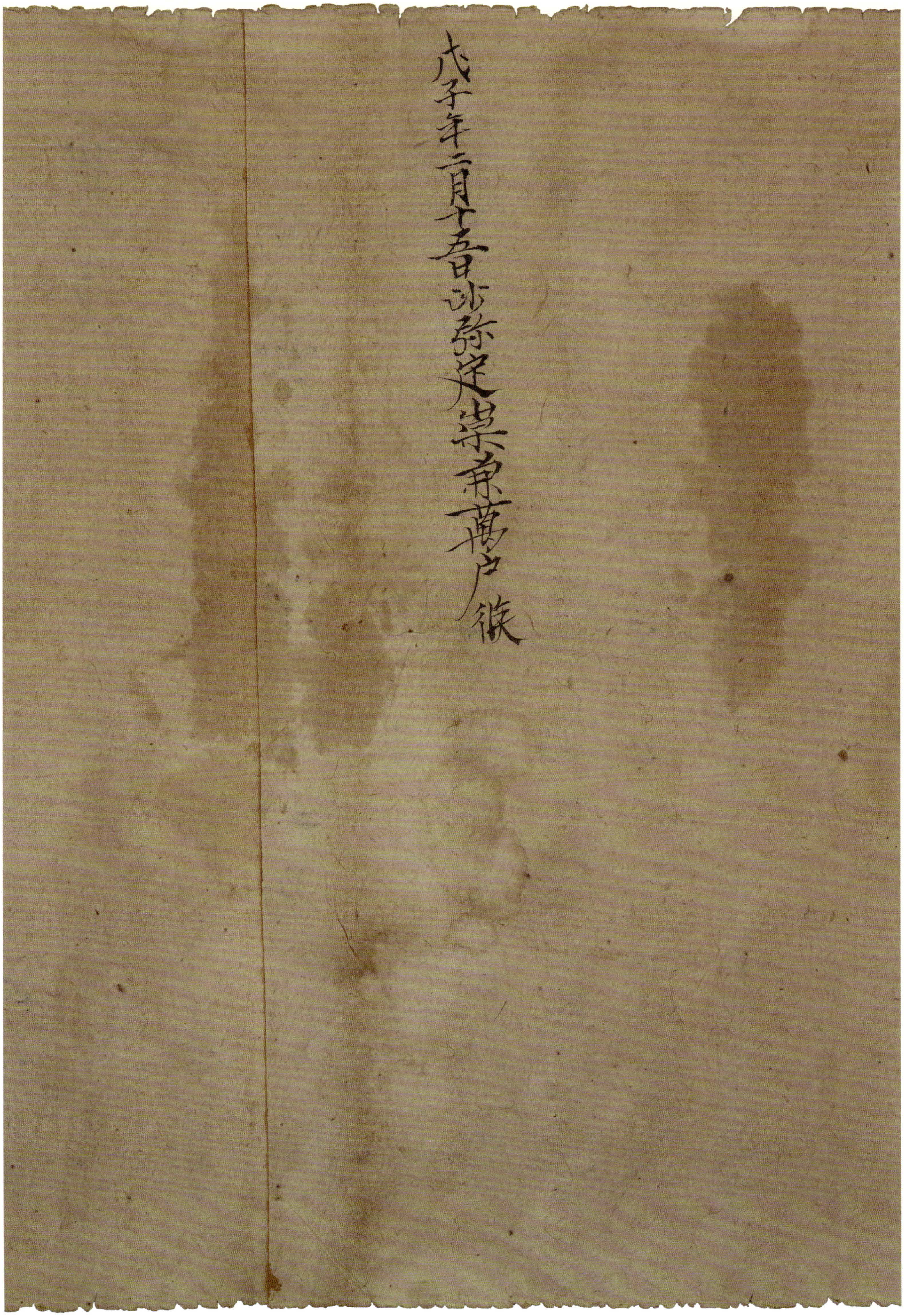

BD01074v　題記

BD01075 大般若波羅蜜多經卷六六

（唐）玄奘 譯

249.7cm×26.1cm

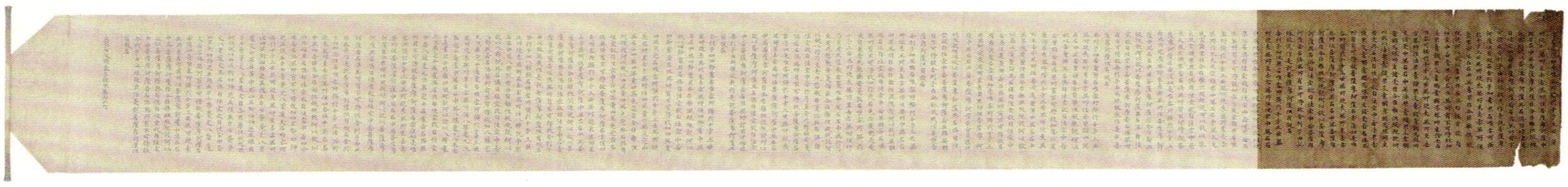

薩名亦復如是唯容所攝於十方三世無
所從來無所至去亦無所住菩薩摩訶薩中
無名名中無菩薩摩訶薩非合非離但假施
設何以故以菩薩摩訶薩與名俱自性空故
自性空中若菩薩摩訶薩若名俱無所有不
可得故舍利子由此緣故我作是說菩薩摩
訶薩但有假名舍利子如意界名唯容所攝
於十方三世無所從來無所至去亦無所住
意界中無名名中無意界非合非離但假
施設何以故以意界與名俱自性空故自
性空中若意界若名俱無所有不可得故如
法界意識界及意觸意觸爲緣所生諸受名
唯容所攝於十方三世無所從來無所至去
亦無所住法界意識界及意觸意觸爲緣所

生諸受中無名名中無法界意識界及意觸
意觸為緣所生諸受非合非離但假施設何
以故以法界意識界及意觸意觸為緣所生
諸受與名俱自性空故自性空中若法界意
識界及意觸意觸為緣所生諸受若名俱無
所有不可得故菩薩摩訶薩名亦復如是唯
客所攝於十方三世無所從來無所至去亦
無所住菩薩摩訶薩中無名名中無菩薩摩
訶薩非合非離但假施設何以故以菩薩摩
訶薩與名俱自性空故自性空中若菩薩摩
訶薩若名俱無所有不可得故舍利子由此
緣故我作是說菩薩摩訶薩但有假名
舍利子如地界名唯客所攝於十方三世無
所從来無所至去亦無所住地界中無名名

所從来無所至去亦無所住地界中無名名
中無地界非合非離但假施設何以故以地
界與名俱自性空故自性空中若地界若名
俱無所有不可得故如水火風空識界名唯
客所攝於十方三世無所從来無所至去亦
無所住水火風空識界中無名名中無水火
風空識界非合非離但假施設何以故以水
火風空識界與名俱自性空故自性空中若
水火風空識界若名俱無所有不可得故菩
薩摩訶薩名亦復如是唯客所攝於十方三
世無所從来無所至去亦無所住菩薩摩訶
薩中無名名中無菩薩摩訶薩非合非離但
假施設何以故以菩薩摩訶薩與名俱自性
空故自性空中若菩薩摩訶薩若名俱無所

有不可得故舍利子由此緣故我作是說菩
薩摩訶薩但有假名
舍利子如苦聖諦名唯客所攝於十方三世
無所從來無所至去亦無所住苦聖諦中無
名名中無苦聖諦苦聖諦非合非離但假施設何以
故以苦聖諦與名俱自性空故自性空中若
苦聖諦若名俱無所有不可得故如集滅道
聖諦名唯客所攝於十方三世無所從來無
所至去亦無所住集滅道聖諦中無名名中
無集滅道聖諦集滅道聖諦非合非離但假施設何以故
以集滅道聖諦與名俱自性空故自性空中
若集滅道聖諦若名俱無所有不可得故菩
薩摩訶薩名亦復如是唯客所攝於十方三
世無所從來無所至去亦無所住菩薩摩訶

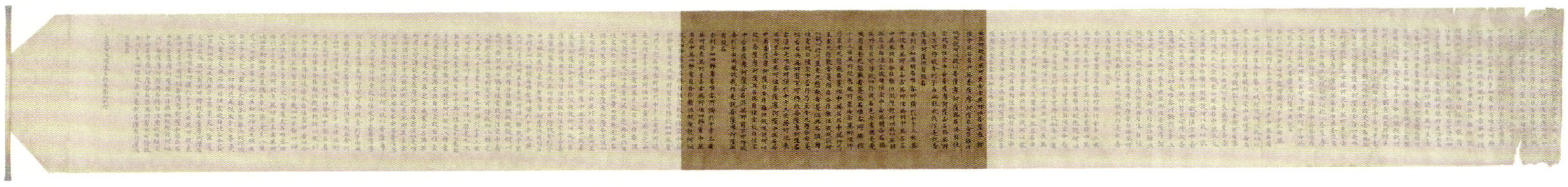

世無所從來無所至去亦無所住菩薩摩訶
薩中無名名中無菩薩摩訶薩非合非離但
假施設何以故以菩薩摩訶薩與名俱自性
空故自性空中若菩薩摩訶薩若名俱無所
有不可得故舍利子由此緣故我作是說菩
薩摩訶薩但有假名
舍利子如無明名唯客所攝於十方三世無
所從來無所至去亦無所住無明中無名名
中無無明非合非離但假施設何以故以無明
與名俱自性空故自性空中若無明若名俱
無所有不可得故如行識名色六處觸受愛
取有生老死愁歎苦憂惱名唯客所攝於
十方三世無所從來無所至去亦無所住行
乃至老死愁歎苦憂惱中無名名中無行乃

至老死愁歎苦憂惱非合非離但假施設何
以故以行乃至老死愁歎苦憂惱與名俱自
性空故自性空中若行乃至老死愁歎苦憂
惱若名俱無所有不可得故菩薩摩訶薩名
亦復如是唯客所攝於十方三世無所從来
無所至去亦無所住菩薩摩訶薩中無名名
中無菩薩摩訶薩非合非離但假施設何以
故以菩薩摩訶薩與名俱自性空故自性空
中若菩薩摩訶薩若名俱無所有不可得故
舍利子由此緣故我作是說菩薩摩訶薩但
有假名
舍利子如四靜慮名唯客所攝於十方三世
無所從来無所至去亦無所住四靜慮中無
名名中無四靜慮非合非離但假施設何以
故以四靜慮與名俱自性空故自性空

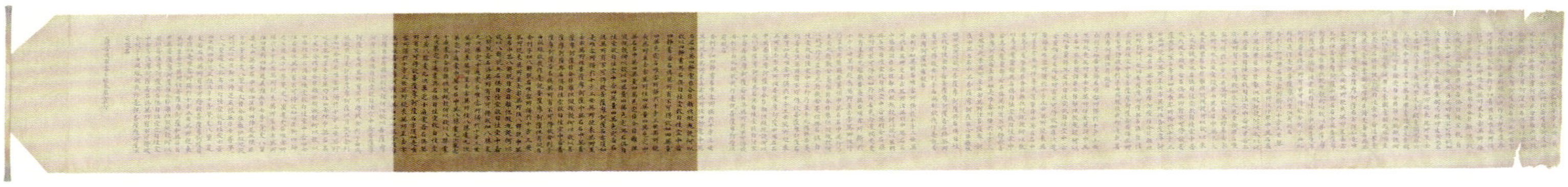

名名中無四靜慮非合非離但假施設何以
故以四靜慮與名俱自性空故自性空中若
四靜慮若名俱無所有不可得故如四無量
四無色定名唯客所攝於十方三世無所從
来無所至去亦無所住四無量四無色定中
無名名中無四無量四無色定非合非離但
假施設何以故以四無量四無色定與名俱自
性空故自性空中若四無量四無色定若名
俱無所有不可得故菩薩摩訶薩名亦復如
是唯客所攝於十方三世無所從来無所至
去亦無所住菩薩摩訶薩中無名名中無菩
薩摩訶薩非合非離但假施設何以故以菩
薩摩訶薩與名俱自性空故自性空中若菩
薩摩訶薩若名俱無所有不可得故舍利子

由此緣故我作是説菩薩摩訶薩但有假名
舍利子如八解脫名唯客所攝於十方三世
無所從來無所至去亦無所住八解脫中無
名名中無八解脫非合非離但假施設何以
故以八解脫八解脫自性空故自性空中若
八解脫若名俱無所有不可得故如八勝處
九次第定十遍處名唯客所攝於十方三世
無所從來無所至去亦無所住八勝處九次
第定十遍處中無名名中無八勝處九次第定
十遍處非合非離但假施設何以故以八勝處
九次第定十遍處與名俱自性空故自性空
中若八勝處九次第定十遍處若名俱無
所有不可得故菩薩摩訶薩名亦復如是唯
客所攝於十方三世無所從來無所至去亦
無所住菩薩摩訶薩中無名名中無菩薩摩

容所攝於十方三世無所從來無所至去亦
無所住菩薩摩訶薩中無名名中無菩薩摩
訶薩非合非離但假施設何以故以菩薩摩
訶薩與名俱自性空故自性空中若菩薩摩
訶薩若名俱無所有不可得故舍利子由此
緣故我作是説菩薩摩訶薩但有假名舍利
子如四念住名唯容所攝於十方三世無所
從來無所至去亦無所住四念住中無名名
中無四念住非合非離但假施設何以故以
四念住與名俱自性空故自性空中若四念
住若名俱無所有不可得故如四正斷四神
足五根五力七等覺支八聖道支名唯容所
攝於十方三世無所從來無所至去亦無所
至四正斷四神足五根五力七等覺支八聖

道支中無名名中無四正斷四神足五根五
力七等覺支八聖道支非合非離但假施設
何以故以四正斷四神足五根五力七等覺
支八聖道支與名俱自性空故自性空中若
四正斷四神足五根五力七等覺支八聖道
支若名俱無所有不可得故菩薩摩訶薩名
亦復如是唯客所攝於十方三世無所從來
無所至去亦無所住菩薩摩訶薩中無名名
中無菩薩摩訶薩非合非離但假施設何以
故以菩薩摩訶薩與名俱自性空故自性空
中若菩薩摩訶薩若名俱無所有不可得故
舍利子由此緣故我作是說菩薩摩訶薩但
有假名

大般若波羅蜜多經卷第六十六

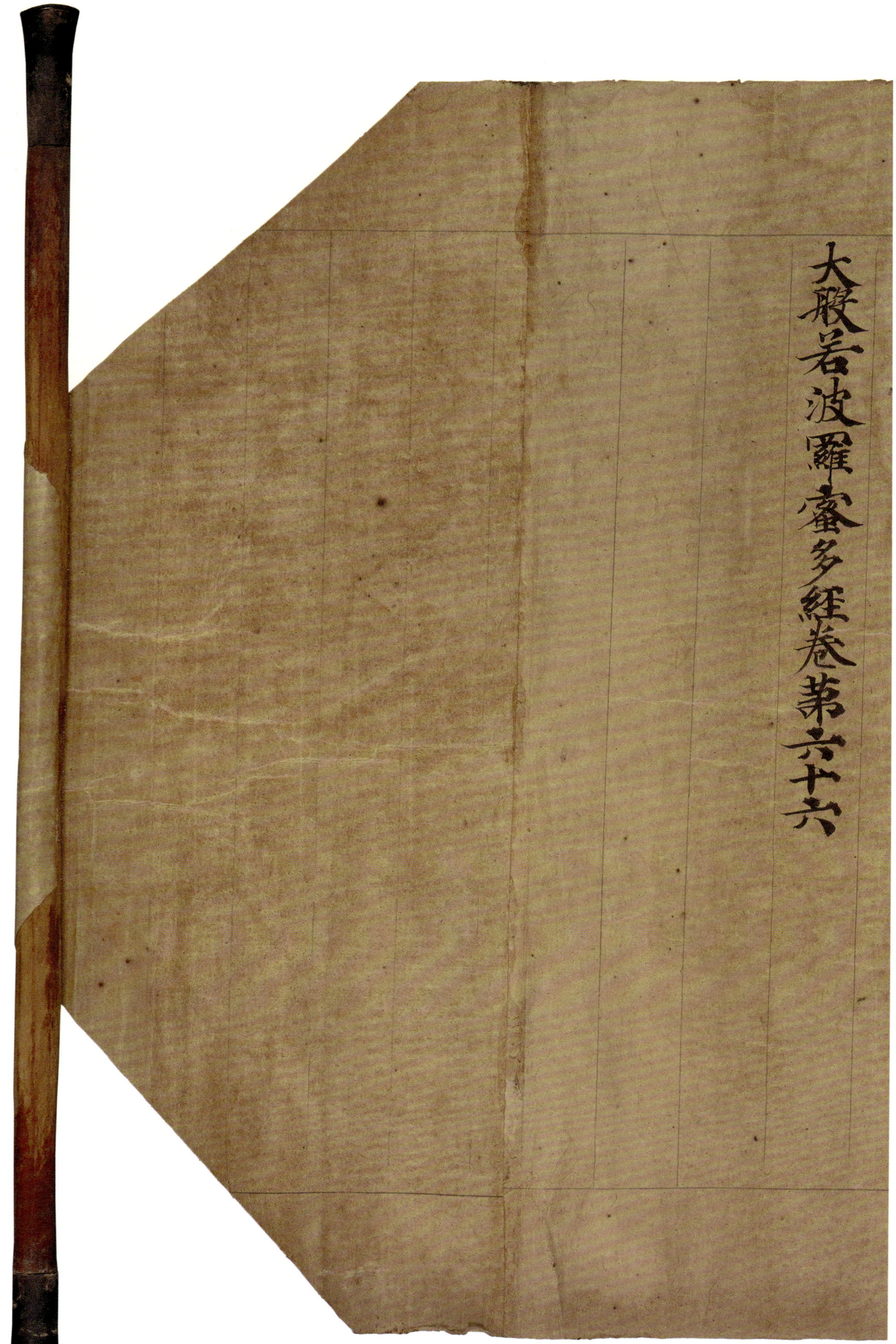

BD01075　大般若波羅蜜多經卷六六

BD01076 維摩詰所說經卷下

（後秦）鳩摩羅什 譯

712.5cm × 25.5cm

小德小智稱量如來无量福慧四海有竭此
飯无盡使一切人食揣若須弥乃至一劫猶不
能盡所以者何无盡戒定智慧解脫解脫知
見功德具足者所食之餘終不可盡於是鉢
飯悉飽衆會猶故不賜其諸菩薩聲聞天人
食此飯者身安快樂譬如一切樂莊嚴國諸
菩薩也又諸毛孔皆出妙香亦如衆香國土
諸樹之香
尒時維摩詰問衆香菩薩香積如來以何說
法彼菩薩曰我土如來无文字說但以衆香令
諸天人得入律行菩薩各各坐香樹下聞斯妙
香即獲一切德藏三昧得是三昧者菩薩所
有功德皆悉具足彼諸菩薩問維摩詰今世

尊釋迦牟尼佛以何說法維摩詰言此土眾
生剛強難化故佛為說剛強之語以調伏之
言是地獄是畜生是餓鬼是諸難處是愚
人生處是身邪行是身邪行報是口邪行
是口邪行報是意邪行是意邪行報是殺
生是殺生報是不與取是不與取報是邪婬
是邪婬報是妄語是妄語報是兩舌是兩舌
報是惡口是惡口報是无義語是无義語報
是貪嫉是貪嫉報是瞋惱是瞋惱報是邪
見是邪見報是慳恡是慳恡報是毀戒是毀
戒報是瞋恚是瞋恚報是懈怠是懈怠報是
亂意是亂意報是愚癡是愚癡報是結戒
是持戒是犯戒是應作是不應作是鄣閡是
不鄣閡是得罪是離罪是淨是垢是有漏是

不鄣閡是得罪是離罪是淨是垢是有漏是
无漏是邪道是正道是有為是无為是世間是
涅槃以難化之人心如猨猴故以若干種法制
御其心乃可調伏譬如象馬𢤱悷不調加諸楚
毒乃至徹骨然後調伏如是剛強難化眾生故
以一切苦切之言乃可入律彼諸菩薩聞說是
已皆曰未曾有也如世尊釋迦牟尼佛隱其无
量自在之力乃以貧所樂法度脫眾生斯諸菩
薩亦能勞謙以无量大悲生是佛土維摩詰
言此土菩薩於諸眾生大悲堅固誠如所言
然其一世饒益眾生多於彼國百千劫行所
以者何此娑婆世界有十事善法諸餘淨土
之所无有何等為十以布施攝貧窮以淨
戒攝毀禁以忍辱攝瞋恚以精進攝懈怠以

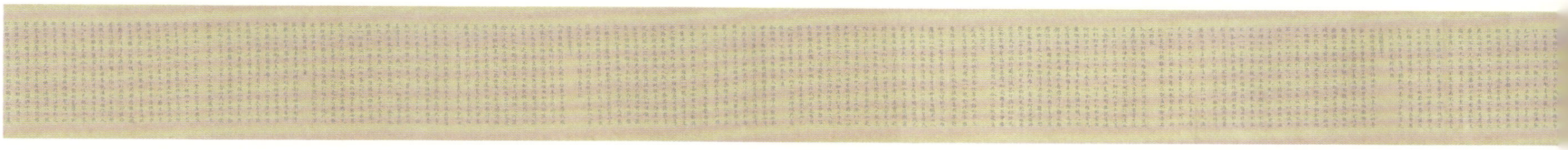

禪定攝亂意以智慧攝愚癡說除難法度八
難者以大乘法度樂小乘者以諸善根濟无
德者常以四攝成就衆生是爲十彼菩薩曰
菩薩成就幾法於此世界行无創疣生于淨
土維摩詰言菩薩成就八法於此世界行无
創疣生于淨土何等爲八饒益衆生而不望
報代一切衆生受諸苦惱所作功德盡以施
之等心衆生謙下无閡於諸菩薩視之如佛
所未聞經聞之不疑不與聲聞而相違背不
嫉彼供不高已利而於其中調伏其心常省
已過不訟彼短恒以一心求諸功德是爲八
維摩詰文殊師利於大衆中說是法時百千天
人皆發阿耨多羅三藐三菩提心十千菩薩
得无生法忍

人皆發阿耨多羅三藐三菩提心十千菩薩
得无生法忍

菩薩行品第十一

是時佛說法於菴羅樹園其地忽然廣博嚴
事一切衆會皆作金色阿難白佛言世尊以
何因緣有此瑞應是處忽然廣博嚴事一切
衆會皆作金色佛告阿難是維摩詰文殊師
利與諸大衆恭敬圍遶發意欲來故先爲此
瑞應於是維摩詰語文殊師利可共見佛與
諸菩薩礼事供養文殊師利言善哉行矣今
正是時維摩詰即以神力持諸大衆并師
子坐置於右掌往詣佛所到已著地稽首
佛足右繞七匝一心合掌在一面立其諸菩
薩即皆避坐稽首佛足亦繞七匝於一面立

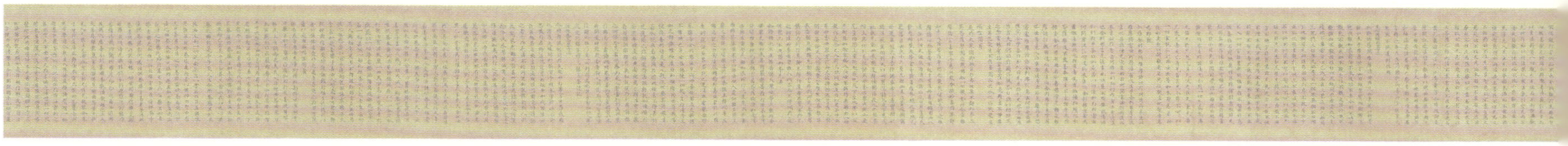

諸大弟子釋梵四天王等亦皆避坐稽首佛
足在一面立於是世尊如法慰問諸菩薩已
各令復坐即皆受教衆坐已定佛語舍利弗汝
見菩薩大士自在神力之所爲乎唯然已見汝
意云何世尊我覩其爲不可思議非意所圖
非度所測尒時阿難白佛言世尊今所聞香
自昔未有是爲何香佛告阿難是彼菩薩毛
孔之香於是舍利弗語阿難言我等毛孔亦
出是香阿難言此所從來曰是長者維摩詰
從衆香國取佛餘飯於舍食者一切毛孔皆
香若此阿難問維摩詰是香氣住當久如
維摩詰言至此飯消曰此飯久如當消曰此飯
勢力至于七日然後乃消又阿難若聲聞人
未入正位食此飯者得入正位然後乃消已入

勢力至于七日然後乃消又阿難若聲聞人
未入正位食此飯者得入正位然後乃消已入
正位食此飯者得心解脫然後乃消若未發
大乘意食此飯者至發意乃消已發意食此
飯者得无生忍然後乃消已得无生忍食此
飯者至一生補處然後乃消譬如有藥名曰
上味其有服者身諸毒滅然後乃消此飯如
是滅除一切諸煩惱毒然後乃消阿難白佛言
未曾有也世尊如此香飯能作佛事佛言如
是如是阿難或有佛土以佛光明而作佛事
有以諸菩薩而作佛事有以佛所化人而
作佛事有以菩提樹而作佛事有以佛衣服
卧具而作佛事有以飯食而作佛事有以薗
林臺觀而作佛事有以三十二相八十隨形好

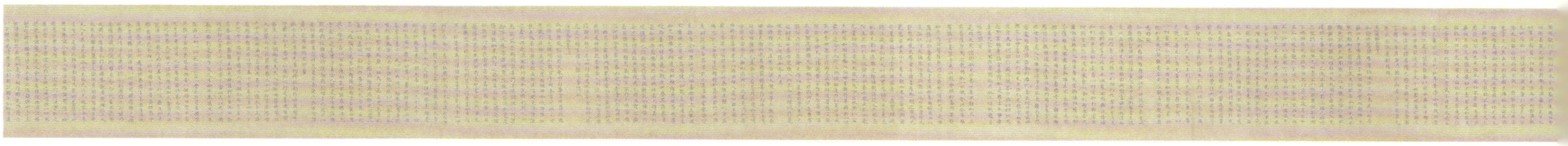

而作佛事有以佛身而作佛事有以虛空而
作佛事衆生應以此緣得入律行有以夢幻影
響鏡中像水中月熱時炎如是等喻而作佛
事有以音聲語言文字而作佛事或有清淨
佛土寂莫无言无說无示无識无作无爲而
作佛事如是阿難諸佛威儀進止諸所施爲
无非佛事阿難有此四魔八万四千諸煩惱
門而諸衆生爲之疲勞諸佛即以此法而作
佛事是名入一切諸佛法門菩薩入此門者
若見一切淨妙佛土不以爲喜不貪不高若
見一切不淨佛土不以爲憂不閡不沒但於
諸佛生清淨心歡喜恭敬未曾有也諸佛如
來功德平等爲教化衆生故而現佛土不同
阿難汝見諸佛國土地有若干而虛空无若

阿難汝見諸佛國土地有若干而虛空无若
干也如是見諸佛色身有若干耳其无閡慧
无若干也阿難諸佛色身威相種姓戒定智
慧解脫解脫知見力无所畏不共之法大慈
大悲威儀所行及其壽命說法教化成就衆
生淨佛國土具諸佛法悉皆同等是故名爲
三藐三佛陁名爲多陁阿伽度名爲佛馱阿
難若我廣說此三句義汝以劫壽不能盡受
正使三千大千世界滿中衆生皆如阿難多聞
第一得念揔持此諸人等以劫之壽亦不能
受如是阿難諸佛阿耨多羅三藐三菩提无
有限量智慧辯才不可思議阿難白佛言我
從今已往不敢自謂以爲多聞佛告阿難勿
起退意所以者何我說汝於聲聞中爲最多

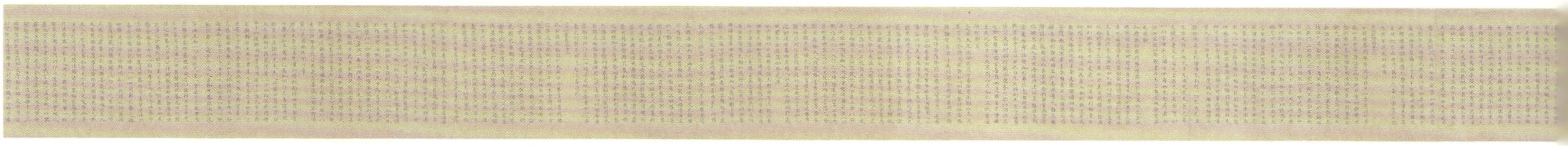

聞非謂菩薩且止阿難其有智者不應限
度諸菩薩也一切海淵尚可測量菩薩禪定
智慧惣持辯才一切功德不可量也阿難汝
等捨置菩薩所行是維摩詰一時所現神通
之力一切聲聞辟支佛於百千劫盡力變化所
不能作
尒時衆香世界菩薩来者合掌白佛言世
尊我等初見此土生下劣想今自悔責捨
離是心所以者何諸佛方便不可思議為度
衆生故随其所應現佛國異唯然世尊願賜
少法還於彼土當念如来佛告諸菩薩有盡无
盡解脫法門汝等當學何謂為盡謂有為法何
謂无盡謂无為法如菩薩者不盡有為不住无
為何謂不盡有為謂不離大慈不捨大悲深發

BD01076　維摩詰所説經卷下

謂无盡謂无為法如菩薩者不盡有為不住无
為何謂不盡有為謂不離大慈不捨大悲深發
一切智心而不忽妄教化衆生終不厭惓於四
攝法常念順行護持正法不惜軀命種諸善根
无有疲厭志常安住方便迴向求法不懈說法
无恡懃供諸佛故入生死而无所畏於諸榮
辱心无憂喜不輕未學敬學如佛墮煩惱者
令發正念於遠離樂不以為貴不著己樂慶
於彼樂在諸禪定如地獄想於生死中如薗
觀想見來求者為善師想捨諸所有具一切
智想見毀戒人起救護想諸波羅蜜為父母
想道品之法為眷屬想發行善根无有齊限
以諸淨國嚴餝之事成己佛土開門大施具
足相好除一切惡身口意淨故生死无數劫

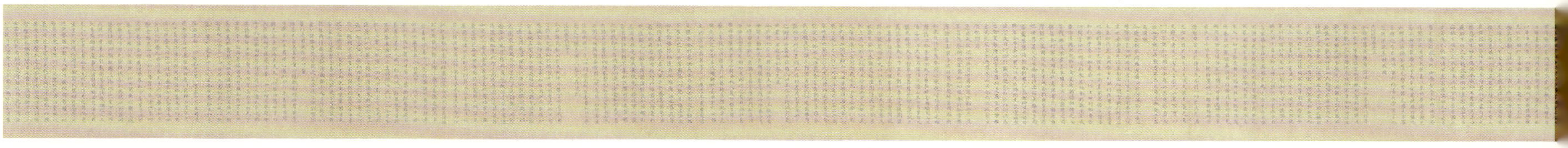

意而有勇聞佛无量德志而不惓以智慧劒
破煩惱賊出陰界入荷負衆生永使解脫以
大精進摧伏魔軍常求无念實相智慧行少
欲知足而不捨世間法不壞威儀而能隨俗起
神通慧引導衆生得念揔持所聞不忘善别
諸根斷衆生疑以樂説辯演法无閡淨十善
道受天人福脩四无量開梵天道勸請説
法隨喜讚善得佛音聲身口意善得佛
威儀深脩善法所行轉勝以大乘教成菩
薩僧心无放逸不失衆善行如此法是名菩
薩不盡有爲何謂菩薩不住无爲謂脩學空
不以空爲證脩學无相无作不以无相无作爲
證脩學无起不以无起爲證觀於无常而不猒
善本觀世間苦而不惡生死觀於无我而誨人

證脩學无起不以无起爲證觀於无常而不猒
善本觀世間苦而不惡生死觀於无我而誨人
不惓觀於寂滅而不永寂滅觀於遠離而身
心脩善觀无所歸而歸趣善法觀於无生而
以生法荷負一切觀於无漏而不斷諸漏觀
无所行而以行法教化衆生觀於空无而不
捨大悲觀正法位而不隨小乘觀諸法虚妄
无牢无人无主无相本願未滿而不虚福德
禪定智慧脩如此法是名菩薩不住无爲又
具福德故不住无爲具智慧故不盡有爲大
慈悲故不住无爲滿本願故不盡有爲集法
藥故不住无爲隨授藥故不盡有爲知衆生
病故不住无爲滅衆生病故不盡有爲諸正
士菩薩已脩此法不盡有爲不住无爲是名

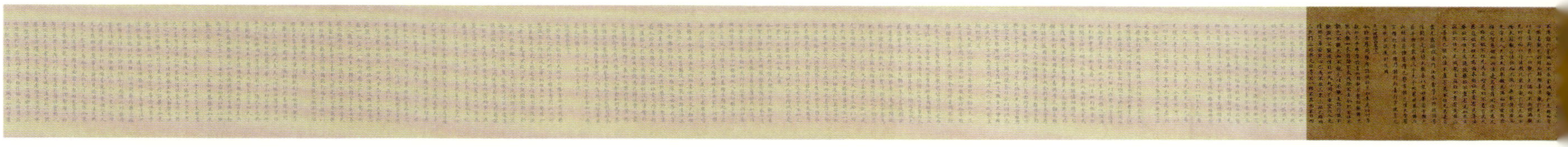

盡无盡解脫法門汝等當學尒時佛説是
薩聞説是法皆大歡喜以衆妙華若干種色
若干種香散遍三千大千世界供養於佛及
此經法并諸菩薩已稽首佛足歎未曾有
言釋迦牟尼佛乃能於此善行方便言已
忽然不現還到彼國

見阿閦佛品第十二

尒時世尊問維摩詰汝欲見如來爲以何等
觀如來乎維摩詰言如自觀身實相觀佛亦
然我觀如來前際不來後際不去今則不住不
觀色不觀色如不觀色性不觀受想行識不
觀識如不觀識性非四大起同於虛空六入无
積眼耳鼻舌身心已過不在三界三垢已離順
三脫門三明與无明等不一相不異相不自相

三脫門三明與无明等不一相不異相不自相
不他相非无相非取相不此岸不彼岸不中
流而化衆生觀於寂滅亦不永滅不此不彼
不以此不以彼不可以智知不可以識識无
晦无明无名无相无強无弱非淨非穢不在
方不離方非有爲非无爲无示无說不施
不慳不戒不犯不忍不恚不進不怠不定
不亂不智不愚不誠不欺不來不去不出
不入一切言語道斷非福田非不福田非應
供養非不應供養非取非捨非有相非无
相同真際等法性不可稱不可量過諸稱量
非大非小非見非聞非覺非知離衆結縛等
諸智同衆生於諸法无分別一切无失无濁
无惱无作无起无生无滅无畏无憂无喜

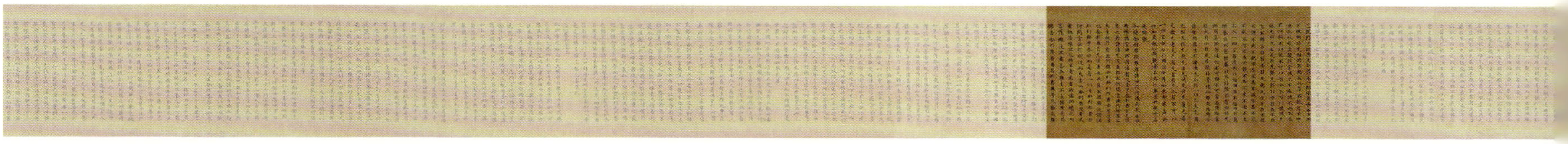

无藏无著无已有无當有无今有不可以
一切言說分別顯示世尊如來身為若此
作如是觀以斯觀者名為正觀若他觀者名
為邪觀
尒時舍利弗問維摩詰汝於何沒而來生此
維摩詰言汝所得法有沒生乎舍利弗言无沒
生也若諸法无沒生相云何問言汝於何沒而
來生此於意云何譬如幻師幻作男女寧沒生
也舍利弗言无沒生也汝豈不聞佛說諸法
如幻相乎答曰如是若一切法如幻相者云
何問言汝於何沒而來生此舍利弗沒者為
虛誑法壞敗之相生者為虛誑法相續之相
菩薩雖沒不盡善本雖生不長諸惡是時
佛告舍利弗有國名妙喜佛號无動是維

BD01076 維摩詰所説經卷下

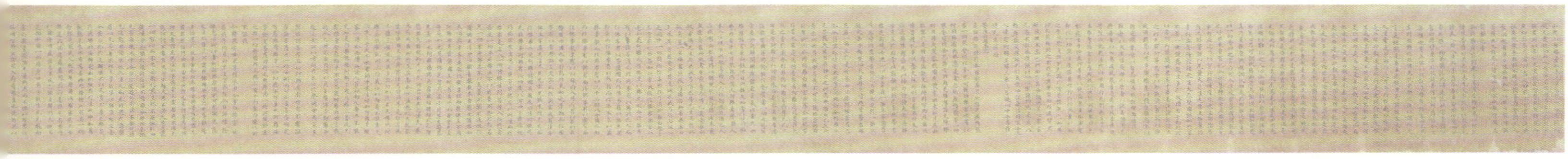

菩薩雖沒不盡善本雖生不長諸惡是
佛告舍利弗有國名妙喜佛号无動是維
摩詰於彼國沒而来生此舍利弗言未曾有
也世尊是人乃能捨清淨土而来樂此多怒
害處維摩詰語舍利弗於意云何日光出時
與冥合乎答曰不也曰光出時則无衆冥維摩
詰言夫日何故行閻浮提答曰欲以明照爲
之除冥維摩詰言菩薩如是雖生不淨佛
土爲化衆生不與愚闇而共合也但滅衆生
煩惱闇耳
是時大衆渴仰欲見妙喜世界不動如来及
其菩薩聲聞之衆佛知一切衆會所念告維
摩詰言善男子爲此衆會現妙喜國不動
如来及諸菩薩聲聞之衆衆皆欲見於是維

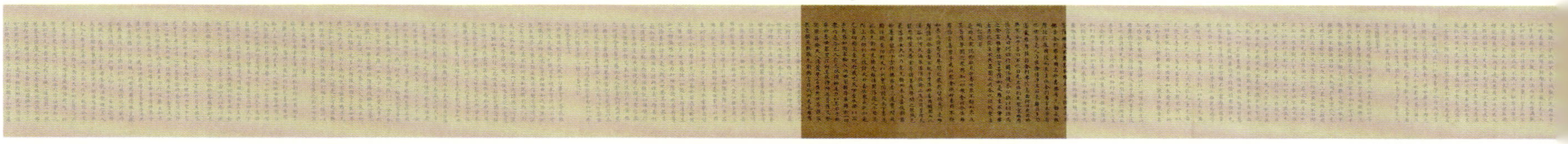

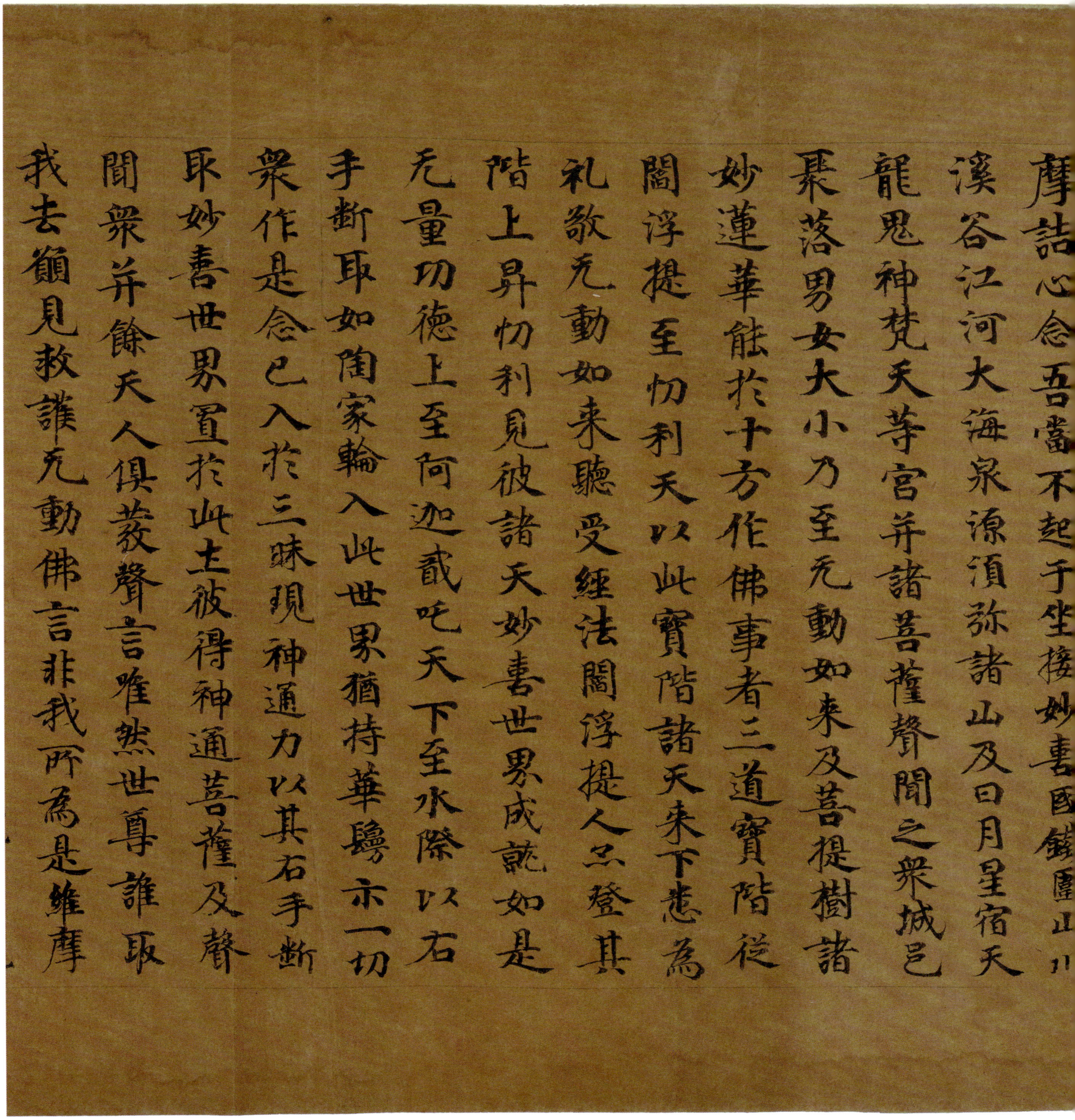

摩詰心念吾當不起于坐接妙喜國鐵圍山川
溪谷江河大海泉源須弥諸山及日月星宿天
龍鬼神梵天等宮并諸菩薩聲聞之衆城邑
聚落男女大小乃至无動如来及菩提樹諸
妙蓮華能於十方作佛事者三道寶階從
閻浮提至忉利天以此寶階諸天来下悉為
礼敬无動如来聽受經法閻浮提人亦登其
階上昇忉利見彼諸天妙喜世界成就如是
无量功德上至阿迦膩吒天下至水際以右
手斷取如陶家輪入此世界猶持華鬘示一切
衆作是念已入於三昧現神通力以其右手斷
取妙喜世界置於此土彼得神通菩薩及聲
聞衆并餘天人俱發聲言唯然世尊誰取
我去願見救護无動佛言非我所為是維摩

BD01076　維摩詰所說經卷下

聞衆并餘天人俱發聲言唯然世尊誰取
我去願見救護无動佛言非我所爲是維摩
詰神力所作其餘未得神通者不覺不知己
之所往妙喜世界雖入此土而不增减於是
世界亦不迫隘如本无異
尒時釋迦牟尼佛告諸大衆汝等且觀妙喜
世界无動如来其國嚴飾菩薩行淨弟子清
白皆曰唯然已見佛言若菩薩欲得如是清
淨佛土當學无動如来所行之道見此妙喜
國時娑婆世界十四那由他人發阿耨多羅三
藐三菩提心皆願生於妙喜佛土釋迦牟尼
佛即記之曰當生彼國時妙喜世界於此國
土所應饒益其事訖已還復本處舉衆皆
見佛告舍利弗汝見此妙喜世界及无動佛

不唯然已見世尊願使一切衆生得清淨土
如无動佛獲神通力如維摩詰世尊我等
快得善利得見是人親近供養其諸衆生
若今現在若佛滅後聞此經者亦得善利
況復聞已信解受持讀誦解說如法脩行
若有手得是經典者便為已得法寶之藏
若有讀誦解釋其義如說脩行則為諸佛
之所護念其有供養如是人者當知則為供養
於佛其有書持此經卷者當知其室則有如來
若聞是經能隨喜者斯人則為取一切智若能
信解此經乃至一四句偈為他說者當知此人即
是受阿耨多羅三藐三菩提記

法供養品第十三

尒時釋提桓因於大衆中白佛言世尊我雖

尒時釋提桓因於大衆中白佛言世尊我雖
從佛及文殊師利聞百千經未曾聞此不可
思議自在神通決定實相經典如我解佛所
說義趣若有衆生聞是經法信解受持讀誦
之者必得是法不疑何況如說脩行斯人則
爲閉衆惡趣開諸善門常爲諸佛之所護
念降伏外學摧滅魔怨脩治菩提安處道
場履踐如來所行之跡世尊若有受持讀誦
如說脩行者我當與諸眷屬供養給事所在
聚落城邑山林曠野有是經處我亦與諸眷
屬聽受法故共到其所其未信者當令生信
其已信者當爲作護佛言善哉善哉天帝如汝
所說吾助尒喜此經廣說過去未來現在諸佛
不可思議阿耨多羅三藐三菩提是故天帝

若善男子善女人受持讀誦供養是經者
則爲供養去来今佛天帝正使三千大千世
界如来滿中譬如甘蔗竹葦稻麻叢林若有
善男子善女人或一劫或減一劫恭敬尊重讚
嘆供養奉諸所安至諸佛滅後以一一全身舍
利起七寶塔縱廣一四天下高至梵天表刹
莊嚴以一切華香瓔珞幢幡伎樂微妙第一
若一劫若減一劫而供養之於天帝意云何
其人殖福寧爲多不釋提桓因言多矣世尊
彼之福德若以百千億劫說不能盡佛告天
帝當知是善男子善女人聞是不可思議解
脫經典信解受持讀誦脩行福多於彼所以
者何諸佛菩提皆從是生菩提之相不可限
量以是因緣福不可量

者何諸佛菩提皆從是生菩提之相不可限
量以是因緣福不可量
佛告天帝過去无量阿僧祇劫時世有佛号
曰藥王如來應供正遍知明行足善逝世間
解无上士調御丈夫天人師佛世尊世界曰
大莊嚴劫曰莊嚴佛壽二十小劫其聲聞僧
三十六億那由他菩薩僧有十二億天帝是時
有轉輪聖王名曰寶蓋七寶具足主四天下
王有千子端政勇健能伏怨敵尒時寶蓋與
其眷屬供養藥王如來施諸所安至滿五劫
過五劫已告其千子汝等亦當如我以深心供
養於佛於是千子受父王命供養藥王如來
復滿五劫一切施安其王一子名曰月蓋獨坐
思惟寧有供養殊過此者以佛神力空中有

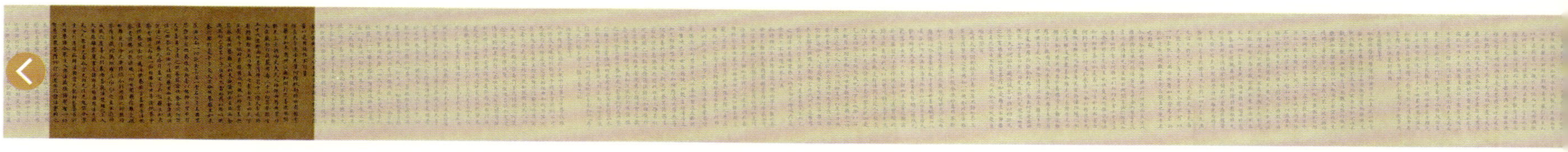

天曰善男子法之供養勝諸供養即問何謂
法之供養天曰汝可往問藥王如来當廣爲汝
說法之供養即時月蓋王子行詣藥王如来
稽首佛足却住一面白佛言世尊諸供養中
法供養勝云何爲法供養佛言善男子法供
養者諸佛所說深經一切世間難信難受微
妙難見清淨无染非但分別思惟之所能得
菩薩法藏所攝陁羅尼印印之至不退轉
成就六度善分別義順菩提法衆經之上入
大慈悲離衆魔事及諸邪見順因緣法无我
无人无衆生无壽命空无相无作无起能令衆
生坐於道場而轉法輪諸天龍神乾闥婆等所
共嘆譽能令衆生入佛法藏攝諸賢聖一切
智慧說衆菩薩所行之道依於諸法實相之

BD01076　維摩詰所說經卷下

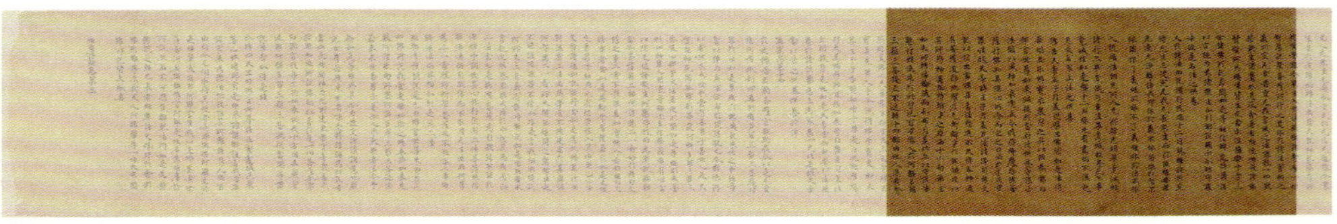

共嘆譽能令衆生入佛法藏攝諸賢聖一切
智慧説衆菩薩所行之道依於諸法實相之
義明宣无常苦空无我寂滅之法能救一切毀
禁衆生諸魔外道及貪著者能使怖畏諸佛
賢聖所共稱嘆背生死苦示涅槃樂十方三
世諸佛所説若聞如是等經信解受持讀誦
以方便力爲諸衆生分別解説顯示分明守護
法故是名法之供養
又於諸法如説脩行隨順十二因緣離諸邪見
得无生忍決定无我无有衆生而於因緣果報
无違无諍離諸我所依於義不依語依於智不
依識依了義經不依不了義經依於法不依
人隨順法相无所入无所歸无明畢竟滅故
諸行亦畢竟滅乃至生畢竟滅故老死亦畢

竟滅作如是觀十二因緣无有盡相不復起
見是名最上法之供養
佛告天帝王子月蓋從藥王佛聞如是法得
柔順忍即解寶衣嚴身之具以供養佛白
佛言世尊如來滅後我當行法供養守護正
法願以威神加哀建立令我得降魔怨脩菩
薩行佛知其深心所念而記之曰汝於末後守
護法城天帝時王子月蓋見法清淨聞佛受
記以信出家脩集善法精進不久得五神通
具菩薩道得陁羅尼无斷辯才於佛滅後以
其所得神通揔持辯才之力滿十小劫藥王
如來所轉法輪隨而分布月蓋比丘以守護法
懃行精進即於此身化百万億人於阿耨多羅
三藐三菩提立不退轉十四那由他人深發聲

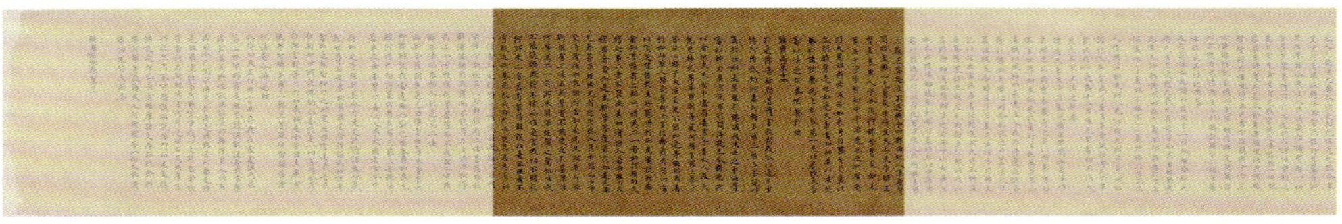

三藐三菩提立不退轉十四那由他人深發
聞辟支佛心无量衆生得生天上天帝時王
寶蓋豈異人乎今現得佛号寶炎如來
其王千子即賢劫中千佛是也從迦羅鳩
村大爲始得佛冣後如來号曰樓至月蓋比
丘則我身是也如是天帝當知此要以法供
養於諸供養爲上爲冣第一无比是故天帝
當以法之供養供養於佛
囑累品第十四
於是佛告弥勒菩薩言弥勒我今以是无量
億阿僧祇劫所集阿耨多羅三藐三菩提付
囑於汝如是輩經於佛滅後末世之中汝等
當以神力廣宣流布於閻浮提无令斷絶所
以者何未來世中當有善男子善女人及天

龍鬼神乹闥婆羅刹等發阿耨多羅三藐三
菩提心樂于大法若使不聞如是等經則失善
利如此輩人聞是等經必多信樂發希有心當
以頂受隨諸衆生所應得利而為廣說弥勒
當知菩薩有二相何謂為二一者好於雜句文
餝之事二者不畏深義如實能入若好雜句文
餝事者當知是為新學菩薩若於如是无染
无著甚深經典无有恐畏能入其中聞已心淨
受持讀誦如說脩行當知是為久脩道行弥
勒復有二法名新學者不能決定於甚深法
何等為二一者所未聞深經聞之驚怖生疑
不能隨順毀謗不信而作是言我初不聞從
何所來二者若有護持解說如是深經者不
肯親近供養恭敬或時於中說其過惡有此

肯親近供養恭敬或時於中說其過惡有此
二法當知是新學菩薩爲自毀傷不能於
深法中調伏其心弥勒復有二法菩薩雖信
解深法猶自毀傷而不能得无生法忍何等
爲二一者輕慢新學菩薩而不教誨二者雖
解深法而取相分別是爲二法
弥勒菩薩聞說是已白佛言世尊未曾有也
如佛所說我當遠離如斯之惡奉持如来无
數阿僧祇劫所集阿耨多羅三藐三菩提法
若未来世善男子善女人求大乘者當令手
得如是等經與其念力使受持讀誦爲他廣
說世尊若後末世有能受持讀誦爲他說者
當知是弥勒神力之所建立佛言善哉善哉
弥勒如汝所說佛助尒喜於是一切菩薩合掌

白佛言我等亦於如來滅後十方國土廣宣
流布阿耨多羅三藐三菩提復當開導諸
說法者令得是經
尒時四天王白佛言世尊在在處處城邑聚
落山林曠野有是經卷讀誦解說者我當率
諸官屬為聽法故往詣其所擁護其人面百
由旬令无伺求得其便者是時佛告阿難受持
是經廣宣流布阿難言唯我以受持要者世
尊當何名斯經佛言阿難是經名為維摩詰
所說亦名不可思議解脫法門如是受持
佛說是經已長者維摩詰文殊師利舍利
弗阿難等及諸天人阿脩羅等一切大眾聞
佛所說皆大歡喜

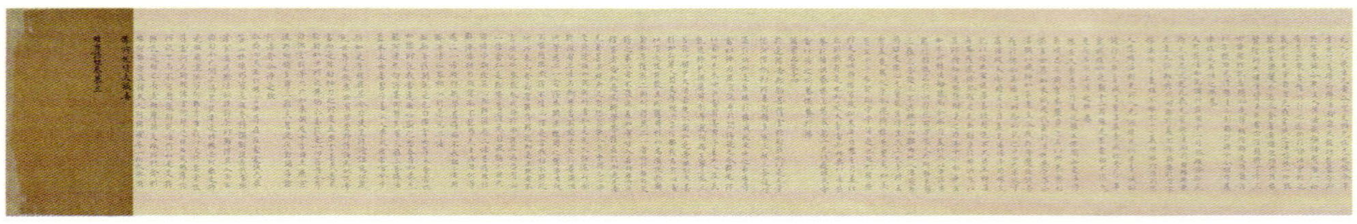

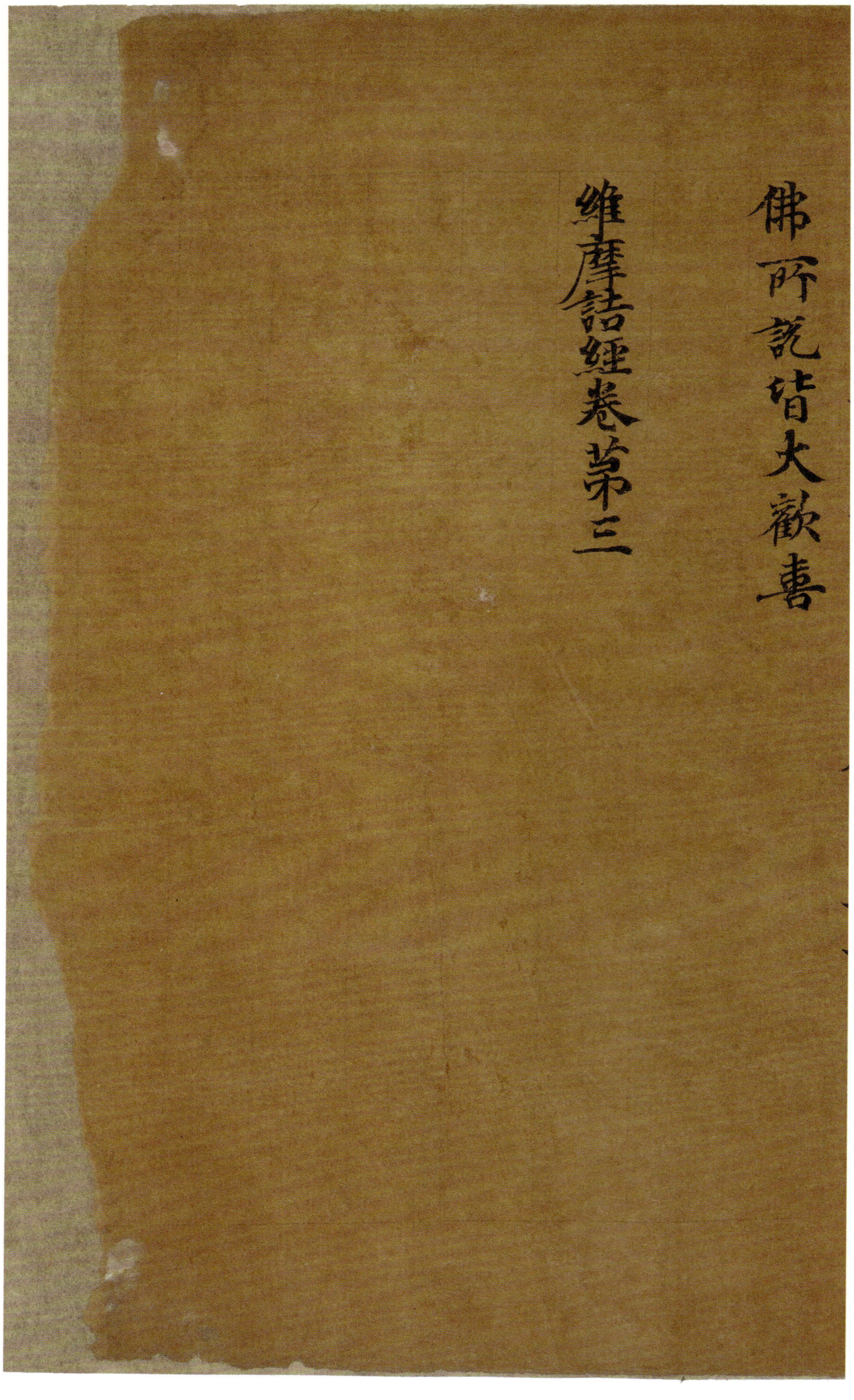

佛所說皆大歡喜

維摩詰經卷苐三

圖書在版編目（CIP）數據

中國國家圖書館藏敦煌文獻．第七二册／中國國家圖書館編．—北京：國家圖書館出版社，2024.12

ISBN 978-7-5013-7994-1

Ⅰ．①中… Ⅱ．①中… Ⅲ．①敦煌學－文獻 Ⅳ．①K870.6

中國國家版本館 CIP 數據核字（2024）第 036783 號

書　　名	中國國家圖書館藏敦煌文獻・第七二册
著　　者	中國國家圖書館　編
項目統籌	魏　崇　殷夢霞
責任編輯	黄　鑫　程魯潔　潘　竹　苗文葉
責任校對	劉　倩
出版發行	國家圖書館出版社（北京市西城區文津街 7 號　100034） （原書目文獻出版社　北京圖書館出版社） 010-66114536　63802249　nlcpress@nlc.cn（郵購）
網　　址	http://www.nlcpress.com
排版印裝	天津裕同印刷有限公司
版次印次	2024 年 12 月第 1 版　2024 年 12 月第 1 次印刷
開　　本	787 × 1092　1/8
印　　張	38.5
書　　號	ISBN 978-7-5013-7994-1
定　　價	2800.00 圓